广东省教育科研"十三五"规划2020年度教育科研一般课题项目
"基于'至善教育'理念的学校课程图谱建构研究"（课题编号：2020YC

看见美丽的风景

—— 基于"至善教育"理念的学校课程图谱建构研究

钟经廷　著

KANJIAN MEILI DE FENGJING

JIYU ZHISHAN JIAOYU LINIAN DE
XUEXIAO KECHENG TUPU JIANGOU YANJIU

东北师范大学出版社

长　春

图书在版编目（CIP）数据

看见美丽的风景：基于"至善教育"理念的学校课
程图谱建构研究 / 钟经廷著. —长春：东北师范大学
出版社，2023.7
ISBN 978-7-5771-0400-3

Ⅰ.①看… Ⅱ.①钟… Ⅲ.①小学—课程建设—研究
Ⅳ.①G622.3

中国国家版本馆CIP数据核字（2023）第134524号

□责任编辑：石　斌　　　　　□封面设计：言之凿
□责任校对：刘彦妮　张小娅　□责任印制：许　冰

东北师范大学出版社出版发行
长春净月经济开发区金宝街 118 号（邮政编码：130117）
电话：0431-84568023
网址：http://www.nenup.com
北京言之凿文化发展有限公司设计部制版
北京政采印刷服务有限公司印装
北京市中关村科技园区通州园金桥科技产业基地环科中路 17 号（邮编：101102）
2023年7月第1版　　2023年12月第1次印刷
幅面尺寸：170mm×240mm　印张：14.75　字数：234千

定价：58.00元

目录

第三章 教学评价

第四章 教学分析与反思

第一章

理 论 研 究

基于"至善教育"理念的
学校课程图谱建构研究

一、研究的缘由及其意义和价值

（一）研究的缘由

1. 学校课程建设是教育发展亟须解决的问题

教育是一种有目的、有计划、有组织地培养人的活动。这种活动主要是以课程为载体实施的。课程改革是当前我国深化教育改革、全面推进素质教育的核心问题，也是世界各国共同关注的问题。中共中央、国务院《关于深化教育教学改革全面提高义务教育质量的意见》指出，"深化课程育人……突出德育实效……提升智育水平……严格按照国家课程方案和课程标准实施教学，确保学生达到国家规定学业质量标准……优化教学方式……融合运用传统与现代技术手段，重视情境教学；探索基于学科的课程综合化教学，开展研究型、项目化、合作式学习。精准分析学情，重视差异化教学和个别化指导……加强课程教材建设……学校要提高校本课程质量，校本课程原则上不编写教材。"中共中央、国务院印发《中国教育现代化2035》指出：加强课程教材体系建设，科学规划大中小学课程，分类制定课程标准，充分利用现代信息技术，丰富并创新课程形式。创新人才培养方式，推行启发式、探究式、参与式、合作式等教学方式以及走班制、选课制等教学组织模式，培养学生创新精神与实践能力。通过对以上两个纲领性文件的解读可知：全面提高教育教学质量，课程和教学（课程实施）改革是抓手。

但是，我国很多学校的课程建设存在以下问题：学校教育哲学与课程体系联系不紧密，不能围绕育人目标整体构建课程体系；国家及地方课程的课程目标、内容、教学、评价在课程实施过程中的一致性不够，不能形成完善的育人体系；课程目标不具体，与课程内容和教学方式、评价不匹配；等等。这些问题暴露出以下弊病：教师课程意识不强，课程能力较弱；有的教师甚至还停留在"就教材教教材"的层面，对国家、地方课程的解读和标准的把握不到位；过于强调课堂教学的知识本位而忽视了课程育人的功能；部分校本课程的开发、实施不规范，没有达到预期的育人效果；等等。

圆玄小学近几年结合新一轮课程改革，虽然在德育活动课程化过程中，强化德育课程育人，探索国家、地方课程校本化实施，确保学生的学业达到国家规定学业质量标准，开展一年级德育导行幼小衔接课程、艺术类各学科拓展校本课程及"你好，寒暑假"项目学习课程等方面的建设，在支架式教学变革等方面做了大量的探索并取得了一些成效，但是上面所提到的课程建设中存在的问题也是圆玄小学存在的突出问题，它们将直接影响圆玄小学教育教学质量的进一步提升。

2. 学校课程建设是落实学校办学理念和文化建设的核心

办公平且优质的教育，满足人民群众对优质教育的需求，解决教育发展不公平、不充分的矛盾是当前教育的主要任务。优质学校的核心是优秀的学校文化，它充满了力量，深入学校的骨髓，是一种"教育场"和"文化场"，是学校的"精、气、神"。中共中央、国务院印发的《中国教育现代化2035》指出，2035年教育的主要发展目标之一是实现优质均衡的义务教育，把"加强课程体系建设"和"大力推进校园文化建设"作为十大任务之一。广州市自2013年起推动特色学校创建工作，把特色学校创建作为实现优质均衡的义务教育的抓手，而特色学校创建又以学校文化建设为核心。但是，在特色学校创建和学校文化建设中，学校文化体系和教育教学实践"两张皮"的现象比较普遍，为了特色而特色的概念化操作或"贴标签"的例子较多。离开课程的支撑，学校文化就无法落地；没有文化的引领，课程就少了清晰的育人目标，课程实践也就少了理论、理念的指导，少了育人的灵魂。

圆玄小学将"至善教育"作为学校的办学思想，但"至善教育"的办学理念仍停留在"善的教育"的德育层面，没有拓展到促进人的全面发展的国家教育目标层面，也没有明确培养"止于至善"的人的教育终极目标。"至善教育"的办学理念需要清晰和丰富的办学思想作支撑，以引领学校教育的发展。同时，相应的"至善教育"的课程体系没有完整地构建起来，导致办学理念与学校课程甚至与学校的教育教学实践形成"两张皮"，形成学校教育的"概念丛林"，无法激活或发挥课程的育人功能。

3. 解决教师课程能力不足的问题，有效促进教师专业能力的提升

中共中央、国务院印发的《关于深化教育教学改革全面提高义务教育质量的意见》与《中国教育现代化2035》均把教师队伍建设作为促进教育发展的关键任务和重要措施，特别是2018年1月20日中共中央、国务院颁发的《关于全面深化新时代教师队伍建设改革的意见》明确指出：百年大计，教育为本；教育大计，教师为本。这充分说明了党和国家对教师队伍建设的高度重视。

圆玄小学自建校以来，非常重视教师队伍建设，特别是近几年，落实了中共中央、国务院颁发的《关于深化教育教学改革全面提高义务教育质量的意见》和《关于全面深化新时代教师队伍建设改革的意见》中的要求，在教师队伍学历提升、跟岗学习、外出培训、集体备课、主题教研、课题研究以及课堂教学变革等方面做了大量的实践探索，也取得了一定成效。同时，我们也认识到，课程能力和教学能力是教师的核心竞争力，只有通过课程的整体构建和实施，教师才能系统地、深入地开展理论和实践相结合的研究，才能更好地提升核心能力，从而与圆玄小学创建"花都区示范，广州市一流"的办学目标相匹配，也才能达到以上两个文件提出的将优质学校作为教师培养实践基地的要求。

（二）研究的意义和价值

1. 课题研究的应用价值

（1）确立"至善教育"的学校文化，完善"知止至善"的精神文化、制度文化、物质文化、行为文化，用文化引领学校课程建设，用文化浸润师生生命发展，实现学校的文化管理和文化育人。

（2）学校课程图谱构建为进一步深化课程改革，完善学校"至善教育"课程体系建设，提高课程的育人功能，提升教育教学质量提供了一条科学的行动路径，也为小学课程改革提供了可借鉴的实践经验。

（3）改变传统的教育教学行为，深入落实新课程理念，发展学生的关键能力和核心素养以及教师的专业能力，促进学校的优质发展。

2. 课题研究的学术价值

（1）丰富课程校本化研发个案研究。

新一轮的课程改革无论是在课程设置上，还是在课程内容及教材编排方式的更新上，都给教师提供了广阔的创造空间。它带来了教育观念、教学方式的改变，即要求教师打破原有的教材观、教学观，创造性地使用教材。基于"至善教育"理念的学校课程图谱构建，以"培养最好的学生"为育人目标，整体联结国家、地方、校本三级课程体系构建起学校的"至善课程"体系。这就要求教师在新课程中发挥主体性、创造性作用，既作为课程实施的执行者，也作为课程的建设者和开发者。"至善教育"课程图谱内容与学生生活实际、社会实践相联系，是教师智慧与学生创造力的有机融合，体现了以新课程理念为指导，从实践到理论、从理论到实践的认识深化过程。

（2）丰富课程理论方法论研究。

"至善教育"的学校课程图谱构建体现了基于学校文化场域和教育哲学的德育课程化、社团课程化、国家课程校本化精品化，形成了学校办学的文化特色、课程特色、实践特色，提升了学校的办学品位，推进学校的可持续发展。

二、研究综述

本小节梳理了国内外"至善教育"和学校课程图谱的相关文献，并以此为切入点进行研究。

（一）文献概貌

本部分主要对国内文献及相关研究的发展趋势进行梳理。因对国外相关研究采用文献追踪法，即通过相关研究所涉及的注释和参考文献列表获取所需文献，所得信息不足以展现该领域概况，故此处不做梳理，文献主要内容在国内外研究现状部分进行描述。笔者以知网资源总库为数据来源，以其所收录的国内有关文献为统计对象（以2020年7月10日为统计截止时间，下同），对有关"至善教育"及学校课程图谱研究的整体研究状况进行了梳理。

1. 以"至善教育"为主题检索的文献情况

以"至善教育"为主题检索词，得到的具体信息如下（图1）：

图1 以"至善教育"为主题检索词得到的具体信息统计图

根据上述检索结果可知，有关"至善教育"的相关文献还是比较丰富的，以期刊和学位论文为主，二者数量相差不大。从关键词出现的频率来看，文献的主要内容是关于"善"的，更多的是从哲学角度来探讨和思考的。以"至善教育"为关键词的文献只有21篇，而且更多的是从德育的角度进行思考的。

通过对检索出的这559条结果进行可视化分析，得出文献年度分布趋势如下（图2）：

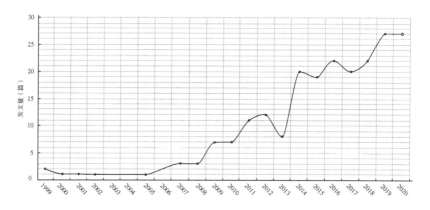

图2 文献年度分布趋势图

总体来说，学术界针对该领域的研究起步较晚，年发文量不多，研究热度不高。但是，自2005年起，相关研究成果的数量一路攀升，除2013年有明显减少外，基本保持增加的趋势且关注度持续升高。可见，该领域在学术界的受重视程度也在慢慢提高。

2. 以"课程图谱"为主题检索的文献情况

以"课程图谱"为主题检索词，得到的具体信息如下（图3）：

图3 以"课程图谱"为主题检索词得到的具体信息统计图

根据上述检索结果可知，与"至善教育"的相关文献总量相比，与"课程图谱"相关的文献总量较少，其中期刊文献占比较大，说明相关研究的总量和深度均有待提高，需要进一步将学校课程图谱构建的理念运用于学校教育当中。

3. 以"学校课程图谱"为主题检索的文献情况

以"学校课程图谱"为主题检索词，得到的具体信息如下（图4）：

图4 以"学校课程图谱"为主题检索词得到的具体信息统计图

根据上述检索结果可知，与"课程图谱"相关的文献总量更少，说明相关研究的总量和深度均有待提高，需要进一步将学校课程图谱构建的理念运用于学校教育当中。通过对检索出的这12条结果进行分析，可知相关研究总体来说起步时间较晚，年发文量不多，研究热度同样不高。

4. 以"至善教育及学校课程图谱"为主题检索的文献情况

以"至善教育及学校课程图谱"为主题检索词，得到的具体信息如下（图5）：

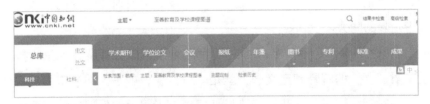

图5 以"至善教育及学校课程图谱"为主题检索词得到的具体信息统计图

根据上述检索结果可知，与"至善教育及学校课程图谱"相关的文献是搜索不到的，相关研究目前还是空白。然而学校教育是当前教育的主要形式，对个人和社会的发展都起着极其重要的作用。而课程建设是落实学校教育的主要载体，能有效地保证学校教育的质量，教育研究者需要努力探索并不断完善学校课程建设。

（二）国内外研究现状

根据本研究的选题，为进一步明确研究内容和研究边界，下面对"至善

教育"和学校课程图谱的国内外相关研究现状及其成果进行梳理和分析。

1. 关于至善教育的研究

国外对道德与教育的探求可以追溯到古希腊的道德哲学。以康德（Kant）为代表的德国古典伦理学及其之后的经典道德哲学和教育学学者，从教育与善的关系来探寻教育善的本源。康德在《论教育学》中指出，人的向善倾向是与生俱来的，这也可以称为一种善端。但是仅仅有善端是不够的，个体无时无刻不面临着外在"恶"的侵袭，而要抑制因欲望的冲动而形成的"恶"，必须借助教育。康德的教育善旨在通过教育使人们"改过迁善"，培养人们自觉遵守道德法则的自觉、自律意识。黑格尔（Hegel）为教育善的实现路径指明了方向，强调了教育善中有关人的自主自律的部分，其对"伪善"的定义对于本文教育善的形态划分也具有借鉴意义。弗兰克纳（Frankena）的道德教育思想既有从康德那里继承来的部分，也有自己独到的思考。他认为道德是为了更高层次的善的实现，教育善不主张为道德而道德。同时，弗兰克纳指出道德教育的目的在于培养"自律的道德行为者"。也就是说，教师既要传授给学生一定的规则和美德，也要注重他们道德观尤其是注重道德情感的培养。除此之外，弗兰克纳不仅强调学生道德德性的养成，也十分注重培养学生的非道德气质。真正的道德行为者，仅仅有自律的能力是不够的，更需要具备独立思考、理性反省以及对道德中的"善"和公正进行判断的能力。

"可欲之谓善"，是春秋战国时期我国人民对善的理解，也是我国的先哲最早对"善"的解释和定义。善就是"可欲"，就是人的欲望可以得到满足。这一时期人们对善的认识相比早期已经有了很大的发展，善不再仅仅指羊多、食物多、有饭吃等原始含义，而是从食物对人生存的支持、对人食欲的满足扩展到了一切事物对人生存的欲望的满足。"善"字狭义上是相对"恶"而言的，但其广义上的概念涉及"人与人""人与社会"的关系问题。我国以儒家思想为主导的传统教育思想，将"善"这一观念寓于"仁"与"礼"之中，藏于"忠信"与"孝悌"之内，经过历代统治者的进一步诠释和解读，成为道德的标志。善是人类一直以来的美好追求，对善的探索从古到今从未停息。东汉许慎在《说文解字》中将"教"解释为"上所施，下所效"，将"育"解释为"养子使作善"。"何为善？简言之就是好。"道出了教育的本质就是通过上施下效通往美好。教是教育的手段，育才是教育的真谛，即实现美好才是教育的目的。教育、美好与善具有内在的本然统一性。《大学》用"至善"观培养如切如磋、如琢如磨的君子，在学习之法、与人相处之道和为人之理上都要求"至善"。

近年来，我国学者对"至善教育"的相关话题进行过以下几个角度的探索和研究：

（1）从道德品质以及哲学精神的角度。例如，郭天恩撰写了论文《至善与归真：比较视域下的孟、庄哲学精神概论》，曲阜师范大学王阳撰写了研究生学位论文《"教育善"的形态及其实现——以康德"教育善"的研究为线索》。

（2）从学科教学的角度。例如，山东工艺美术学院的张鹏撰写了论文《从"至善"到"尽美"的教育——从中国传统教育思想中探源"美育"之困》。

（3）从全面育人的教育目标与优秀的传统文化相结合的角度。例如，李斌强、王慧珍撰写了论文《致至善教育的意蕴及实践方式》。他认为"致至善"是一种最高善的生命实践，其教育指向为美好、有序的不断自觉实践，是人不断向好的方向动态性地无止境升级的构建活动。致至善教育契合了有序运转、使人向善、修德育人的教育要求。学校可通过在课程中融入善的元素，凸显学科教学的教育性，以培育善本治理文化的方式进行实践。华东师范大学教育学部学前教育系的周念丽撰写的论文《"致善教育"——通往至善教育之路》主张从人际环境和物理环境两个维度创设"致善教育"环境，通过捐赠等活动践行"致善教育"。例如，江门市外海中心小学的"至善"园不断融合创新，追求更适合孩子的教育，积极推进"1+3"至善教育，致力于打造有利于学生终身发展的课程体系，培育"心善（有爱、有责、有情）、行善（乐助、乐学、乐创）、能善（善为、善学、善思）、至善（大度、大器、大为）"的时代新人；罗田县匡河中学秉承"至善"办学理念，创新学校德育体系，开展知善、行善、扬善、积善系列实践活动。

在国内，虽然近些年有不少学者对"至善教育"的研究表现出了浓厚的兴趣，但整体来说，相关研究仍处于起步阶段。在发展的同时，出现了一系

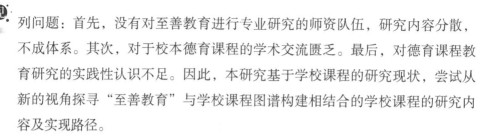
列问题：首先，没有对至善教育进行专业研究的师资队伍，研究内容分散，不成体系。其次，对于校本德育课程的学术交流匮乏。最后，对德育课程教育研究的实践性认识不足。因此，本研究基于学校课程的研究现状，尝试从新的视角探寻"至善教育"与学校课程图谱构建相结合的学校课程的研究内容及实现路径。

2. 关于学校课程图谱的研究

关于"课程图谱"，现有研究一致认为其为20世纪80年代美国"标准化运动"的产物。1983年，美国国家教育优异委员会颁布的《国家在危机中：教育改革势在必行》建议："应该加强核心课程的内容建设以及利用可以测量的标准来提高人们的期望。"此后便产生了"学生学习成果（Student Learning Outcomes，简称SLO）"的概念和方法，人们用SLO这个可测量和可评价的"标准"来取代传统的难以量化的目标。为了确保制定的SLO、设计的课程体系、课程教学与学业测评之间能保持一致，便产生了"课程图谱"，也有研究将其译为"课程地图""课程导图""课程绘制"，它们所指称的是同一个对象。20世纪80年代初，美国学者英格里斯同样提出了"课程图谱"这一概念，并用其关注和记录教师讲授的主题和时间安排（授课顺序和时间等）。英格里斯提出的课程图谱以及之后美国学者雅各布斯针对美国基础教育阶段开创的多维度课程地图，主要包括课程内容、过程与技能、评价类型三个要素，它们可以说是课程图谱的基础三要素。随后，美国教育学者黑尔在《课程地图指南：计划、实施及持续过程》一书中提出，常见的课程图谱的要素包括"内容——学生必须知道什么；技能——对于所要知道的内容学生要做些什么；评估——测量内容与技能的成果和表现；评价——基于以上所给出的评估的成果和表现来评定学生能力的单一或多元标准；标准——将精熟目标作为内容或技能的一个框架结构；资源——课本、材料和有助于内容与技能教学的参考资料；内部一致性——不是一个用文字表述的要素，但它是视觉化的关键部分，使课程地图所包含的要素具有一致性"。此后，课程图谱所包含的要素都是在以上七个基本要素的基础上根据需要所增加的附加要素。课程图谱的要素由最初只包含内容、技能和评价，逐渐拓展到标准、资源和内部一致性，体现了基于标准的课程计划与教学设计的理念。在诸要素中，"内部一致性"在课程图谱上虽无特定的文字表述及显性说明，却是统合图谱诸要素的关键要素，具有至关重要的作用。

"课程图谱"这一新鲜语词过去在我国的教育研究当中并不多见，近年来却不断进入学校，逐渐成为教育实践的"宠儿"。如今，课程图谱已成为国内外一些高校及基础教育学校教学的平台与工具，且随着信息技术的发展，其应用仍在进一步发展和深化，再加上其自身的诸多功能，博得了实践者的青睐。但我国基础教育学校对课程图谱的建设尚处于探索阶段，实践者对其认识还不全面、界定不清晰，对其要素也模糊不清，导致课程图谱的设计缺乏整体性，也给课程图谱的建设以及教与学的评价带来了困难。

从雅各布斯的课程图谱设计理论模式来看，课程图谱的设计是一个动态发展的过程，需要不断地讨论与修正、持续地评估与修订。这一过程并非一成不变，各区域或学校可根据自身的实际情况做出调整。更为重要的是，课程图谱的开发需要一个指向发展的开发团队，教师是其中的主要力量，参与的教师需要转变自身对课程认知、发展与实践的理解以及全程主动参与。我国研究者更是提出：课程地图开发的主体是教师，课程地图的开发需要调动广大教师的积极性，建立起良好的沟通与对话机制；若教师不能积极投身到课程地图的绘制过程中，即使学校构建了再好的课程地图系统，没有教师给出完整的课程内容，课程地图的成效也是有限的。可见，课程图谱的开发只有学校领导的重视是远远不够的，更需要与广大教师深入对话、广纳教师的意见。此外，巩建闽先生提出，课程体系设计的过程需要关注三个重要问题，即"培养目标的确定是设计的基础，课程及知识的生成是设计的核心，目标与课程的对应是设计的关键"。这也正是课程图谱设计的重点与难点。另外，课程图谱的制作需从整体上把握，关注培养目标的达成，关注课程教学与学生评价的一致性和连贯性，其中心和焦点始终是为学生的成长和发展提供资源与路径。综上所述，课程图谱在课程开发与管理方面为我们提供了新的理念和思路，其蕴含着学主本位、个性化学习、教育民主化等理念。

正如上海中学唐盛昌校长所言，国家课程与地方课程比较多地关注学生发展的普适性，而每个学生的个性潜能与特点是不同的，需要切合学生发展的"特适性"内容，因此，学校课程图谱建设便成为必需。与此同时，课程图谱的设计和开发也需要长期的努力和不断的改进。是一项复杂的系统工程，是一个从上向下设计与由下向上制作相结合、分与合相交织的过程，需要开发团队每个人的努力与付出。课程图谱的设计与开发有相应的流程与步骤，不同类型和不同特色的学校可以结合自身实际寻找课程图谱建设的突破口与切入点，相应地组建自己的课程图谱开发团队，制定自己的开发流程，构建出适合自己的人才培养模式。

总体而言，国内目前针对学校课程图谱建构的相关研究较少，基于"至善教育"理念的学校课程图谱建构的相关研究更少，从知网上仅能查到广州市四十一中以及杭州的两所小学有类似的研究和探索。然而，国家课程校本化是学校课程的主要形式，是学校课程建设的重头戏，有些学校却陷入了这样的误区：把国家课程校本化只看成一个教学过程，认为只要开齐开足国家课程，然后进行教学就可以了。其实并非如此。在国家课程校本化过程中，除了开齐开足国家课程以外，还需要注意以下两点：

第一，应在坚持国家课程改革纲要基本精神的前提下，紧扣国家课程标准，围绕培养什么人、为谁培养人、培养什么样的人的问题，把握学校教育"立德树人"这一核心要务，而不能擅自更改，甚至舍本求末。

第二，要坚持因校、因人制宜原则。国家课程标准毕竟是方向性的、原则性的、纲要式的，需要我们在实施过程中予以具体化。在实施国家课程的过程中，要充分结合学生实际，突出学校特色，研究自己的学生、家长、社区文化，然后根据学校的具体培养目标，对国家课程进行重组、调整和补充，从而实现国家课程校本化。我校至善教育理念下的课程图谱建设就是一种对国家课程校本化的有效尝试，也是基于国家课程开发、拓展类校本课程和综合类实践课程，整体构建学校课程的有益尝试。我们在搜集并查阅国内外的相关研究文献后发现，个别学校也正在尝试将特色教育融入课程体系的建设，但依旧在摸索中。我校近三年来一直致力于至善教育的课程图谱构建，开展多样化的国家课程校本化研究、开发和拓展，推进类校本课程及综合类实践课程建设。无论是从学生、教师，还是从学校的角度来说，这个课题都值得我们深入研究。

（三）课题研究核心概念的界定

1. 至善教育的再认识

"善"的伦理学定义：共同满足为善，在被动个体自我意识出于自愿或不拒绝的情况下，主动方对被动个体实施精神、语言、行为的任何一项的介入，皆为善。"善"的哲学定义：善是具体事物完好、圆满的组成；是具体事物的运动、行为和存在对社会和绝大多数人的完好圆满生存发展具有的正面意义和正面价值；是具体事物完好、圆满、有利于社会和绝大多数人生存发展的特殊性质和能力；是人们在与具体事物密切接触、受到具体事物影响和作用的过程中，判明具体事物的运动、行为和存在符合自己的意愿和意向，满足了自己的生理和心理需要，产生了称心如意（满意）的美好感觉后，从具体事物中分解和抽取出来的有别于"恶（残缺、不完好）"的相对抽象事物或元实体。

"善"涵盖了"格、致、诚、正、修、齐、治、平"的"八目"要义，其核心在于修身，"格、致、诚、正"是修身的方法，属于"明明德"的内容；而"齐、治、平"作为修身的功用，在于培塑"新民"。同时，"善"通"缮"，即"修治"之意，又有"善良""美好""擅长""亲善"等意。"至善"即追求达到善的极致境界，也指通往善的路径和方法。

本研究所指的至善教育，既包含"教育善"，也包含"善教育"，是指通过教育使每一个学生掌握事物和个人发展的方法，达到做最好的自己的目的。

2. 学校课程图谱的再认识

本研究所指的课程图谱是课程的图示化，对课程系统各部分的联系与组织，需要从宏观、中观和微观三个层面进行思考与布局。宏观层面，主要思考课程的整体结构，处理好各类课程之间的关系，如国家课程、地方课程与学校课程，必修课与选修课，学科类课程与活动类课程，分科课程与综合课程等不同类型课程之间的关系。中观层面，主要处理某种课程类型中各具体科目的构成与相互关系问题，如必修课开设哪些科目、各科之间的关系等。微观层面，主要思考学科内部的结构，重点关注每门课（学科）的内容，据此进行课程设计。

学校课程系统，作为学校在一定时期内相对稳定的课程结构，理应在校长、教师、学生的头脑中形成共同的"图景"。因此，要构建学校课程系统，并富有逻辑且清晰地表达这一系统，课程图谱就是一个可视化的"穿针引线"的绝妙"工具"。如果说一门门课程是一个个街景的速写，那么课程图谱就是一幅完整的课程生态地图，也是学校课程的导航系统。课程图谱的优势，在于凸显课程系统内在的逻辑性，串起课程系统中的不同课程，增强课程广度、深度和梯度的协同感，对学校育人目标的有效达成具有至关重要的作用。有和没有"系统"的课程，是大不一样的，一个是杂乱无序、零敲碎打，一个是结构清晰、架构系统。课程图谱的深层结构，从组织形态来看，主要有两种构建方式：一种是横向组织（水平组织），一种是纵向组织（垂直组织）。本研究所指的学校课程图谱为"纵横交错的立体课程"。横向组织是指课程内容或学习经验之间的关系，关注横向的统整，强调打破学科之间的界限和传统的知识体系，以便让学生有机会更好地探索社会和个人最关心的问题，并主张以"大观念""广义概念""探究方法"作为课程内容组织的要素，使课程内容与学生校外经验有效地联系起来。纵向组织为各门课程不同年级、不同学段的目标体系、课程内容、实施方法、评价要点等系统，直至以"课程目标、学习任务单、学习指南、学习评价为具体形态的具有内在逻辑体系和清晰表达的每门课程的校长、教师、学生的共同课程图景系统"。

三、研究目标、主要内容和思路

（一）研究目标

1. 总体目标

确立学校"至善教育"的办学思想，确定"至善教育"的课程理念、课程目标、课程逻辑、课程结构、课程实施、课程评价，构建学校"至善教育"的课程图谱，转变教与学的方式，推进学校课程的深度变革，促进教师的专业发展和学生的充分发展，整体提升学校的教育教学质量。

2. 阶段性目标

（1）在现状梳理与理念梳理阶段，归纳整理当前小学课堂教学中存在的突出问题，分析影响课堂教学的主要因素，形成分析报告。

（2）在逻辑建构与整体规划阶段，确定学校课程逻辑、人员分工等，制订课题的规划方案。

（3）在精细设计与试点实施阶段，确立各年级、各学科实验班，通过研讨、实践、反思，建立富有文化感的学校课程图景。

（4）在化整为零与深度实施阶段，构建学校"至善教育"的课程图谱。

（5）在经验提炼与课题总结阶段，总结经验，推进学校课程深度变革，整体提升学校的教育教学质量。

（二）研究内容

1. 课程的总体框架

构建善德课程、善智课程、善健课程、善美课程、善创课程的至善课程总体框架，设计三层阶梯递进的课程图谱，通过不同类型、功能满足每一名学生的在校学习需要，并让每名学生在教师的指导下进行选择性学习。第一层为基础类课程。这类课程是严格按照国家课程标准完成教学目标与基本课时的基础课程，体现国家对公民素质的基本要求（共同基础），着眼于促进学生基础学力与基本素养的高水平发展。第二层为拓展类课程。这类课程是以学科知识体系为主线，以主修、辅修为学习形式的拓展类课程，着眼于学生素质的发展性要求，满足学生不同方向与不同层次的发展需要。第三层为横贯类课程。这类课程有两类：一是以综合实践创新能力的培养为目标，以课题组形式呈现的跨学科的研究课程。其创造环境条件，配合专业指导，让每一个学生都有充分发展的机会，激励学生自主学习、主动探究，获得实践体验。二是围绕体现共同核心价值的学习目标，在自主参与的基础上，以主题活动等形式开展的特选课程。其不仅是学科知识的整合，也是德育渗透与泛化的体现，在充分思考与准备的前提下通过实践活动实现教化、培养的功能。

笔者结合学校课程资源现状，对课程的内容体系进行系统构建。课程的总体框架如图6所示。

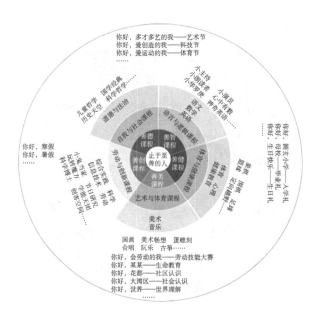

图6　课程的总体框架图

2. 研究的基本内容

（1）"至善教育"办学思想的内涵和特征。

（2）"至善教育"课程图谱的建构。

①"至善教育"的课程理念。

②"至善教育"的课程目标。

③"至善教育"的课程逻辑。

④"至善教育"课程图谱研发。"三层五育"课程结构：基础类课程——基于大单元教学和任务单学习的国家课程校本化研发；拓展类课程——基于学科核心素养和关键能力的拓展类课程研发；横贯类课程——基于综合实践创新能力的培养，以课题组形式呈现的跨学科的研究课程研发，以及围绕体现共同核心价值的学习目标，在自主参与的基础上以主题活动等形式开展的特选课程研发。

⑤"至善教育"的课程实施。

⑥"至善教育"的课程评价。

（三）研究思路

本课题研究的目的主要是使"至善教育"的内涵更加清晰和丰富，围绕"让每一个生命充分生长"的价值追求、"在这里与最美的自己相遇"

的课程理念，整合国家、地方、校本课程，整体构建学校"至善教育"课程体系，根据课程建设的课程目标、内容、逻辑、实施、评价等要素，围绕"三层四类课程框架"绘制学校的课程图谱，即构建"纵横交错的立体课程"。

1. 突破的重点

"至善教育"的育人目标与课程图谱建构研究。

2. 解决的关键问题

（1）联结性问题。联结"至善教育"的核心内涵与课程标准要求的关键能力和核心素养，构建好课程的目标体系，横向统整课程内容和学习经验之间的关系，打破学科界限和传统的知识体系，以"大观念""广义概念""探究方法"作为课程内容组织的要素，使课程内容与学生校外经验有效地联系起来，开展综合实践类横贯课程研究和大单元、大任务教学研究，让学生有机会更好地探索社会和个人最关心的问题。

（2）一致性问题。基于"学习指南"和"学习任务单"的教与学活动，把抽象的课程目标、课程内容转化为具体的目标体系，运用"学习指南"和"任务单"把每一节课教师教的内容转化为学生学的内容。结合单元教学，把课程转化为一个个图谱，通过学习指南、学习任务单、学习评价等课程图谱，实现课程目标、课程内容、课程实施、课程评价的一体化，使其更是一致性，整体提升学校的教育教学质量，实现育人目标。

3. 主要创新之处

（1）努力探索"至善课程"与国家、地方、学校"三级课程"建设的整合实施与开发的新模式，以及"三级课程"有机整合、联合开发、相互促进、共同提高的新路径，为学校文化和课程建设的深度融合提供可借鉴的方法和经验。

（2）运用课程图谱的理论、方法和路径进行学校课程开发与实施的研究，为学校的课程改革和研究提供可借鉴的经验。

（3）注重科研理论方法与课程建设实践的结合，力图做到实证研究与理论研究相互支撑，以使研究成果有更大的推广和应用价值。

四、研究方法

本课题研究采用思辨性研究与实证性研究相结合的方法进行，且以实证性研究为重点。本课题研究涉及学校文化凝练、学校课程结构建设、学校德育活动课程化等多个领域的研究，重点在于学校课程结构建设和支架教学改革，难点在于问题的筛选、因素的分析以及实验的控制。本课题研究方法主要有实验法、调查研究法、文献研究法、个案研究法、经验总结法等。

1. 实验法

实验法即选定实验班，开展基于"支架教学"实现国家课程图谱化的研究和校本课程开发建设的研究。

2. 调查研究法

在课题研究之初，课题组先对实验校的课程建设现状进行调查，通过调查和数据分析探究学校课程建设的制约因素，并编制档案；在实验过程中，定期调查、总结、评价；在实验结束时，进行全面整体的调查、总结和评价。多次调查和数据的收集，一方面可以科学、准确地描述实验效果，另一方面，调查结果在实验过程中可以为调整和改进解决问题的方案提供科学的事实依据。

3. 文献研究法

课题组力求获得国内目前有关课程建设的文献资料，在对其进行深入学习、分析的基础上进一步明确和丰富学校"至善教育"办学思想的内涵，并运用相关理论指导实践研究。

4. 个案研究法

个案研究法即跟踪、收集、整理某个教学案例、学生案例，开展个案研究，以进一步优化课程图谱的要素组合和整体构建。

5. 经验总结法

经验总结法即系统梳理实践经验、成功做法以及效果佳的案例，及时加以提炼总结，由实践上升至理论，形成物化成果，以进一步指导课程的开发与实践。

五、研究的技术路线

研究的技术路线如图7所示。

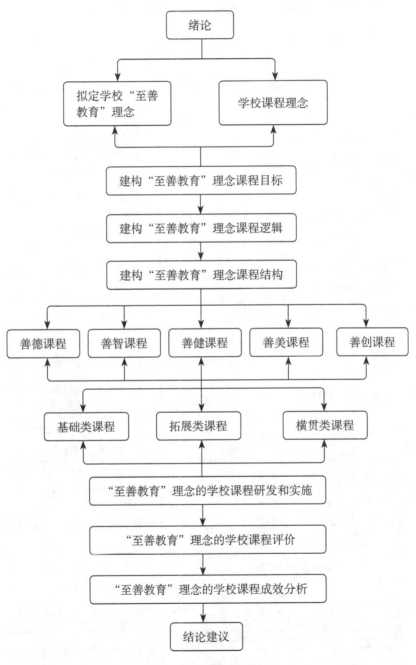

图7　研究的技术路线图

六、研究的过程

（一）研究准备阶段（2020.3—2020.7）

1. 成立课题研究组织机构，确保研究工作顺利开展

（1）课题组主要成员及分工。（表1）

表1　课题组主要成员及分工

序号	姓名	出生年月	职务	职称	学位	课题分工
1	钟经廷	1972.09	校长	中学高级教师	硕士	课题主持人，负责课题研究的全面工作
2	张兰	1978.08	副校长	小学高级教师		负责课题研究组织协调工作和语文学科类课程研究工作
3	招晓莉	1974.03	副校长	小学高级教师		负责课题研究组织协调工作和学校课程图谱机构构建（宏观、中观）的研究工作
4	李记娣	1981.03	教导处副主任	小学中级教师		负责小学数学学科类课程研究
5	潘敏	1977.03	教导处主任	小学中级教师		负责小学综合学科类课程研究和学校校本课程构建研究
6	俞月英	1983.05	副主任	小学二级教师		负责小学英语学科类课程研究和学校校本课程构建研究
7	许连生	1990.04	教师	小学二级教师	学士	负责小学语文学科类课程研究和学校校本课程构建研究
8	肖乐	1991.01	教师	小学二级教师	硕士	负责小学语文学科类课程研究和学校校本课程构建研究
9	陈礼询	1986.03	教师	小学二级教师	硕士	负责小学科学学科类课程研究和学校校本课程构建研究
10	张剑云	1976.04	教师	小学中级教师		负责小学语文学科类课程研究
11	唐寒	1982.12	教师	小学中级教师		负责小学语文学科类课程研究
12	吴燕云	1974.01	教师	小学中级教师		负责小学语文学科类课程研究
13	江兰芬	1971.01	教师	小学高级教师		负责小学语文学科类课程研究

序号	姓名	出生年月	职务	职称	学位	课题分工
14	邓明松	1991.05	大队辅导员	小学初级教师	学士	负责小学体育学科类课程研究和相关校本课程开发建设研究

（2）专家组成员及分工。

课题组邀请熊梅（东北师范大学博士生导师、教授）担任课题组理论指导专家和实践指导专家；邀请龚孝华（广东第二师范学院管理学院院长、教授）担任课题组理论指导专家；邀请熊焰（广东第二师范学院教师研修学院院长、教授）担任课题组理论指导专家。

（3）组建子项目研究团队。

"向善"子项目。负责人：许连生。组员：张兰、吴燕云、张晓薇、肖乐、王春蕾、唐寒、张剑云。

"求真"子项目。负责人：李记娣。组员：朱菊香、陈煜娜、梁锦萍、毕凤平、邱秀芬、张翠敏。

"健体"子项目。负责人：邓明松。组员：周杰荣、李艳梅、祁辅基。

"尚美"子项目。负责人：将丰硕。组员：黄海善、徐慧敏、徐燕红。

"善创"子项目。负责人：潘敏。组员：黄丽娴、郑棉、毛忆、温惠琼、汤舒婷。

2. 前期资料准备与课题立项

2020年7月以前，课题组主要进行前期资料准备与课题立项工作。

3. 开题报告

2020.3—2020.7，课题组撰写开题报告，进行系统调研、问题诊断，对前期实验班的实践改革进行个案研究、经验总结。

（二）研究实施阶段（2020.8—2021.11）

（1）开展实验教师与专家团队的线上线下培训，组织实验教师外出培训，参与相关研究团队的研讨活动。

（2）开展至善教育的文化梳理和办学思想的建构研究。

（3）开展至善教育课程图谱构建研究。

（4）开展子项目行动研究。

（5）在已有实践改革研究的基础上，系统建构相关理论，形成更清晰的理论架构，撰写相关论文，并在媒体刊物上发表。

（6）形成阶段性成果，举办全区课程现场推广会，并在广州市组织的相关校长培训项目中做经验介绍，在贵州省帮扶项目中通过专题讲座进行经验推广。

（7）在全校推广实验成果，使课题组在实验班或子项目等方面有所突破。

（三）实验总结阶段（2021年12月—2022年6月）

（1）2021年12月，进一步开展实践改革研究，构建基于"至善教育"理念的学校课程图谱体系，形成典型经验和成果，完成基于"至善教育"理念的学校课程图谱建构研究等相关经验并整理前期的研究成果。

（2）2022年4月，完成课题实验报告。

（3）2022年5月，举办成果报告会，完成结题工作。

（4）2022年6月后，在全校进行课题的深入研究，并对课题研究成果在集团学校进行实证研究，在片区学校进行应用研究，采用报告会等方式在花都区，甚至广州市推广研究成果。

七、课题经费使用情况

按照课题经费预算，学校共投入课题研究经费21990元，在花都区教育局支付中心等相关部门的指导下，严格执行相关财经制度，保障课题研究的经费支持，保证经费开支合法、规范。课题经费使用情况如下：资料费1500元，专家劳务费19490元，成果印刷费1000元，合计21990元。

八、研究成果

课题组梳理并确立学校"至善教育"的办学思想，形成"至善课程"的理念、目标体系、课程逻辑，整体构建了"三层五育"的"至善课程"框架体系。

共同基础课程：贯彻落实国家对学生素质的基本要求，发展学生的关键能力，培养学生的学科素养。

指向个性需求的拓展类课程：立足学生个性化需求，拓展和整合学科课程，开发学科拓展类课程，培养个性化发展的人。

指向综合素养的横贯类课程：以综合实践创新能力培养为目标，以项目式学习、综合实践活动为主要载体开发横贯类课程，培养学生的综合素养。

课题组从共同基础课程、指向个性需求的拓展类课程、指向综合素养的横贯课程三个层面，从"善德、善智、善健、善美、善创"五个方向开展课程目标、内容、实施、评价等研究，围绕"至善教育"的育人目标与课程图谱建构展开研究，解决课程的联结性和一致性等问题，使研究不断走向深入，取得良好的效果。

（一）"至善教育"办学思想的确立

圆玄小学始建于1921年，前身是日新学堂，后改名为广东广州市花都区新华镇公益小学，1999年在区政府的重视以及香港圆玄学院董事长赵镇东先生的热心捐助下进行改建、扩建，并于2001年9月正式更名为圆玄小学。学校规模大，历史悠久，校史资源丰富。本次拟借助课题研究，开发相应的配套课程资源，将校史资源与学科课程或者综合实践等活动课程进行整合，并将其纳入学校的特色课程体系，凝练出学校"至善教育"发展理念，为学校的可持续发展奠定基础。

《大学》开篇云："大学之道，在明明德，在新民，在止于至善。""至善"意为达到完美境界。该目标虽难以实现，却一直是学校始终孜孜以求的办学理念。

圆玄小学以"至善教育"为办学特色，形成了"和谐发展"的学校文化。至善教育将为了每一位师生的发展，提炼出"教育让每一个生命充分生长"的办学理念，致力于培养学会生活、学会做人、学会学习、学会做事的学生，要求学生：做人做事向上、向善，具备良好品行；求真务实、锐意进取，不断提高学识修养；自强不息，视野开阔，锻炼生存能力；待人处世心存善念，兼容并蓄，具备弘爱精神。

本研究在充分吸收学校的历史积淀和文化的基础上，准确定位"至善教育"的内涵和特征，形成学校教育哲学体系，为"至善教育"的课程图谱构建建立价值基础。

1."至善教育"办学思想的深化

"至善教育"从教育的本质上来讲是人的教育，指向基于人个性的全面发展。"至善教育"的办学思想主要包含"至善教育"的教育观、教师观、

学生观和课程观。因此，我校把"至善教育"定位为：知其所知止，以至善的教育，教育以人为中心，遵循人的发展规律，为每一个学生的全面发展、自由发展、充分发展奠基。

（1）"至善教育"的教育观

我国的传统教育理念即以全人发展为教育核心，以"止于至善"为教育目标。西方哲学家康德认为：教育的使命在完成使人之所以为人。这也道尽个人完整发展的重要教育任务。20世纪60年代主张人本主义教育的马斯洛认为人的发展不仅包括知识和智力，而且包括情感、志向、态度、价值观、创造力、人际关系等。教育的目的在于促进人的整体发展，在于促进人主观能动性的充分发挥和内在潜能的充分实现。罗杰斯主张教育要培养躯体、心智、情感、精神、心力融为一体的人。日本教育家小原国芳在其《全人教育论》中明确提出：所谓的全人教育是指完全人格、和谐人格的教育。他认为在现实教育中，单纯强调智育、德育或宗教教育，同单纯强调体育、劳动教育或艺术教育一样都是片面的，都不能培养出完美的人格，都不是全人的教育，而是肢解人的教育。教育的理想在于创造真、善、美、圣、健、富六项价值，也就是使受教育者在学问、道德、艺术、宗教、身体、生活六个方面得到均衡、和谐的发展。1996年，国际21世纪教育委员会向联合国教科文组织提交了题为"教育——财富蕴藏其中"的报告。该报告重申了一个基本原则：教育应当促进每个人的全面发展，即身心、智力、敏感性、审美意识、个人责任感、精神价值等方面的发展；应该使每个人借助青年时代所受的教育，能够形成一种独立自主的、富有批判精神的思想意识，培养自己的判断能力，以便由自己确定在人生的各种不同的情况下应该做的事情。该报告提出教育应以学会认知、学会做事、学会共同生活、学会生存为支柱，培养全面发展的人。

综上可知，从教育的内涵来讲，"至善教育"的核心就是发展人。"至善教育"首先是人的教育，指向基于人的个性的全面发展。它的出发点、落脚点都直指一个大写的人，包括人的体魄、人的技能、人的知识、人的心理素质、人的德行品性、人的思想水平以及人生存所需要、所孕育的各种自然、社会、文化素养。从特定意义上讲，它是完人教育，它所追求的是人类社会在不同历史阶段所能允许达到的最佳境界和最佳状态。基础教育的本位价值是"基础性"，一个国家基础教育的"基础"应包含两层含义：一是为民族素质的提升打基础，即公民教育；二是为人的一生打基础，即为人生奠基，包括学习兴趣、学习态度、学习习惯、人格养成、健康体魄、创新精神和实践能力等。人生的"基础"是一个整体，是德智体美劳的统一，是知识、能力与价值观的统一。因此，我校把"至善教育"定位为：知其所知止，以至善的教育，教育以人为中心，遵循人的发展规律，为每一个学生的全面发展、自由发展、充分发展奠基。全面发展指德、智、体、美、劳全面协调地发展，培养向善、求真、健体、尚美、勤劳的人；自由发展指有个性地发展，做最好的自己；充分发展指充分发挥个性，激活潜能，做卓越的自己。

（2）"至善教育"的教师观

在"至善教育"理念的指导下，教师在理念层面要注重知识、能力和人文精神的培育，在操作层面要注重教学性与教育性的结合。因此，教师角色的嬗变应表现为以下三个过程：

第一个过程：从学生发展的控制者走向教育活动的组织者、引领者、合作者。在"至善教育"理念下，学生的发展是人的主动的整体性发展。教育是发生在师生之间的主体间交往活动，师生互为主客体。教师是学生参加教育活动的组织者、引导者、合作者，而不是控制者，是帮助学生在学习过程中学会学习，实现全人发展的组织者、引领者和合作者。教育活动是以学生为中心的，教育是价值引导下学生自我建构的过程。因此，我们认为"至善教育"的教学是以教师为主导，以学生为主体的教学。师生共同组成学习的共同体，师生关系互为主客体关系，是主体之间的关联性和共融性的表达，是师生之间的相互理解与沟通，是平等的、交互的，具有可理解性、可沟通性，反映的是平等和谐、交互共生的价值取向。教师必须明确学生的学习主体地位，通过组织有序、有趣、有益的学习活动，引导和满足学生的合理需求，激发学生主动地、自主地学习，促进其人格的健全，使学生学会、会学、乐学。

第二个过程：从知识传承者走向课程的重建者。"至善教育"在教学价值取向上不仅要了解学生对某门课程知识掌握的多少，而且要考量教学对学生整体发展的作用及价值。教学不是结果性的"目的"，而要为学生创造有意义的学习经历。北京师范大学国际与比较教育研究院院长、博士刘宝存认为，教育和经验是密切相关的，所谓学习就是个体积极、多感官感知周遭世界的过程。教育的目的是让个体借助经验自然而健康地成长，而不是借助有限的、割裂的、预先编制好的"课程"来汲取知识和发展智能。教育应该通过学习者对自然界的经验把学习者与自然界联结起来，通过学习者与实际社会、经济生活的接触把学习者与社会联结起来，通过艺术、诚实的对话和冥想把学习者与其内部世界联结起来。这就需要教师以学习者为中心，在各学科之间、在课堂和社会之间建立起广泛联系，进行知识的整合。学习过程就是学生整合其个体经验、教师经验、前人经验认识自然、社会以及人本身的过程，学生通过课程了解身体与心灵、人与社会、人与自然之间的种种关联，不断丰富自身的经验，提高与自身及外界和谐相处的能力，自觉探寻生命的价值和意义。因此，作为课堂教学组织者的教师，在组织学生学习的过程中，应从知识的传承者转变为课程的重建者。

第三个过程：从德行的规约者走向德性的同构者。河南理工大学高等教育研究所副教授蒋文昭指出，任何教学都包含一定的教育性。至善教育主张在教学过程中关注人的精神和心灵的培育；在生态伦理的基础上，重视人与人、人与自然的和谐相处。而要构建这样的和谐关系，就需要不断培育个体的精神，涵养其高贵的心灵。小原国芳认为，"所谓传道，是指伟大的人格对人格的接触而言，此外别无可以替代的方法"。蒋文昭副教授认为，人格与人格的接触实际上是一个德性共生、共建的过程。过程是关系的展现，而关系总是相互的。在教学的实践场域中，师生德性的发展呈现出相互建构、共生的关系。一方面，作为实践场域中的教师道德——教师德性，是教师历经道德实践而生成的专业伦理品性，在教学中，它表现为教师的善、公正、责任和教育良心等。具有良好德性的教师往往成为学生模仿的"道德样板"，于潜移默化中对学生德性的生成和发展产生深刻的影响。另一方面，教学也为教师提供了反观自身德性的情境。教师能够从学生的评价和反馈中反思自己的德性状况，由此促进教师德性进一步提升。因此，教师在教学中并不是一个静态的"道德示范人"，而是与学生形成了在德性发展上的一种相互建构、相互依赖的关系，并与学生在相互影响、相互促进中共同建立德性完善的同构关系。

由于"至善教育"对教师的要求极高，我校把教师作为学校发展的基石，秉承"教育以人为中心，学校管理教师第一、教育教学活动学生第一"的理念，确立"教研训"一体化的教师培养模式，通过教研解决教学中存在的问题，坚持教科研兴校的思想，引导教师做好研究，培养一支实践专业化、结构层次化、发展可持续化的教师队伍，并将其作为学校办学和落实办学思想的基础。

（3）"至善教育"的学生观

学生是一个完整的人，是作为一个整体的人的存在，就像罗杰斯主张的，其是一个"融躯体、心智、情感、精神、心力于一体"的"完整的人"，"既用情感的方式也用认知的方式行事"。学生是一个复杂的整体，他们既具有作为"人"的价值，即和谐、平静、合作、合群、诚实、公正、平等、同情、理解和爱，又具有作为人的各自的独特性和有待发掘的潜能，如都有独特的生理、经济、知识、精神需要和能力，也都有无限的学习潜力。因此，作为一个整体的人的学生，在参与学习的过程中是作为人的整体存在的，有人的知、情、意、行的需要，而不是单纯地作为学习的工具或知识的容器。学生不是一张任由教师描画的白纸，也不是教育者可任意设计和外铄的器皿，而是具有人生经验的人，学生学习就是一个多感官感知周遭世界的过程。教育只有在自由的气氛中才能实现，自由探究、自由表达、自由成长都是必要的。学生应有自我选择的机会，依据自身能力对课程和学习过程发表意见。

学生不是"小大人"。人的发展是有年龄阶段特点的，因此要从学生的角度观察学生，要从学生的立场出发研究学生，要依据学生的发展需要发展学生；避免把学生大人化，避免从大人的角度观察学生，避免从大人的立场出发想当然地发展学生。

学生是一个个活生生的个体，是有差别的人。苏霍姆林斯基说过：没有也不可能有抽象的学生。因此，我们的教育必须把学生当成一个个活生生的人，他们既有人之为人的共性，也有"我只是我"的个性。每一个生命都具有不可替代性，每一个学生都有自己的个性特点，每一个学生也只能发展成最好的自己，而不是共性的人，或者按照他人的意志或范式发展成别人的样子。

学生是有自我教育功能的人。杜威认为，教育即生活、生长和经验改造。儿童是教育的出发点，社会是教育的归宿点，在儿童和社会之间形成了

教育过程。儿童天生有四种本能：语言和社交的本能、制作的本能、探究的本能和爱表现的本能。因此，我们认为，儿童天生具有学习的需要，具有学习的能力，具有自我教育的功能。教育应该唤醒儿童与生俱来的潜能，激活每个学生主动发展的动力，培养每个儿童自我发展的能力，止于至善。

（4）"至善教育"的教学观

教学活动是教师和学生生命共度的过程，是师生之间，师生与前人、社会、自然之间进行经验连接的过程。我校的"至善教育"以全人教育为理论依据，明确了全人教育的哲学基础：联结、整体性和存在。其中，联结包括四个方面的含义：一是相互依赖，指系统中一个部分的功能依赖其他部分的功能和系统整体的功能；二是相互关系，指一个系统内部各部分之间、系统与系统之间存在着复杂的关系网络；三是参与，指个体是与环境密切相关的，同时不断创造着环境；四是非线性，指通过反馈链、自组织系统或者混沌理论所表述的、复杂的相互关系模式，其比简单的线性的因果关系更常见。整体性是指"整体大于部分之和"，它也包括四个方面的含义：一是整个系统，指在考虑问题时应该从部分到整体、从目标到关系、从结构到过程、从等级到网络，重心应该从理性到直觉、从分析到综合、从线性思维到非线性思维；二是多种视野，指复杂系统是以复杂的方式相互联系的，应该从不同的视角分析，没有"唯一的答案"；三是独立性，指系统在很大程度上可以作为独立的、自动的整体运行；四是多种水平，指一个大的系统又包括许多子系统，形成一个网络，它们之间以复杂的方式相互作用。存在是指人全面经历现在，指人的内心宁静、智慧、洞察力、诚实、可靠，它同样包括四个方面的含义：一是完整的人，承认人包括身体、情感、智力、精神多个方面。二是创造性的表达，承认创造性表达的机会对个人和群体的重要性。三是成长，承认每一个人都可以达到人类精神的最高境界。四是责任感，承认个人和群体对在区域、全球和宇宙等多种水平上的选择和行动具有洞察力和责任感。因此，教学是师生人生的经验连接，是师生与前人、社会的经验连接，是与自然连接的过程，是作为人整体性、全面性发展的过程。

教学是文本与对话、预设与生成的过程。杜威提出："儿童是起点，是中心，而且是目的。儿童的发展、儿童的生长就是理想所在。"以儿童为中心体现在教育过程中，它要求教师考虑儿童的个性特征，使儿童能发展他们的特长，尊重儿童在教育活动中的主体地位。"从做中学"是杜威教学理论的基本指导思想，在理论上是以他的经验论哲学观和本能论心理学思想为基础的，是对传统教学进行全面否定的一个中心论据。"至善教育"主张人的全面发展、自由发展、充分发展，因此构建平等、民主、个性化的生命课堂是"至善教育"教学的追求。教学活动就是以学为主，在师生对话，生生对话，人与文本对话、与学习材料对话的过程中，从原有的经验互动生成新的经验，从而不断丰富人生各方面经验的过程。

教学是教师领导学生学习活动的过程。马健生（北京师范大学教育学部国际与比较教育研究院教授）、饶舒琪（英国格拉斯哥大学教育学院博士研究生）认为，现在人们对教学的传统定义存在不周全之处，并导致了教学实践中有关教师角色的困惑。从行为论的角度看，"教学即教师领导学生学习活动的过程"，简称"教学即领导"。教师作为领导者，其作用体现在为学生构建明确的学习愿景，激发学生的善意和学习动机；学生作为追随者，一方面应尊重、服从教师的领导，另一方面应在实现学习愿景的过程中进行自我领导。学习活动作为情境，需经过充分的计划和科学的组织，为学生提供适时的激励和融合的愿景。"教学即领导"命题的提出，揭示了教学作为人类社会行为的本质，有助于理清人们对教学理论的认识，深刻把握师生关系的本质，促进课堂教学活动的有效开展，为教师专业发展提供新思路。我们认为，教学即领导：涵盖教师对学习活动的设计，有好的预设，才有好的生成；涵盖教学内容、活动的组织，先有教学组织，后有教学活动；涵盖教师对学习活动的评价，有评价才能引导和激励学生不断成长。"教学即领导"就是教师引导下学生自主建构的过程。所以教学活动是学生学的活动，教学过程是为了学生更好地学，教学成败的关键是学生发展的成效。

（5）"至善教育"的课程观

杜威针对传统课程编制的弊端，提出要改造课程，使之能真正适用于儿童的生活，并特别强调了两个观点：第一，儿童和课程之间不是互相对立，而是互相关联的，"儿童和课程仅仅构成了一个单一过程的两极"。儿童是起点，课程是终点。只要把教材引入儿童的生活，让儿童直接去体验，就能把两者连接起来，使儿童从起点走向终点。第二，"学校科目相互联系的真正中心点，不是科学，不是文学，不是历史，不是地理，而是儿童本身的社会活动"。

叶澜教授等提出的新基础教育理论认为，教育不仅要关注儿童的学校学习，更要关注校园生活本身，由此引申出的系列化、结构化的校园生活也是课程。

全人教育不赞同将课程等同于学科内容和教学内容这一观念。博耶和勒温提出这样一种课程概念：课程应包含人类生存所共享的所有基本关系，包括人类的共同经历。克拉克给全人课程下的定义为："课程就是每一名学生通过感受、观察、思考和参与所体验到的学校生活的总和。"我们可以对博耶、勒温和克拉克所提出的课程概念做如下解读：

第一，课程不应仅仅是固定的学科内容和形式，而应该是生活的表现形式，因此课程应该在各个学科之间建立起有效的联系。除此之外，课程还必须与外部世界建立充分的联系。这就体现了全人教育提出的关于"联系"的观点。

第二，教育应重视学习者的自身体验和亲身经历。课程设计应该让学习者更多地参与进来，同时课程也应该提供更多让学习者体验的机会。

第三，学习的场所不应局限于教室或者学校，还应拓展到家庭、社会以及人生活和生存的每一个角落，因此每个人既是受教育者也是教育者。课程应反映社会的各种形态变迁，力求从不同视角给学习者带来不一样的学习体验。

因此，"至善教育"的课程观为：课程即生命场景，课程的开展过程就是师生以其本真的状态投入生命萌发的过程，顺其自然、润物无声，自由地展现生命存在的状态和指向未来的可能性。

课程即丰富经历。"至善教育"课程体系力求通过课程改革，探索一条符合学生实际情况，既能在有限时间里丰富教学活动，又能拓展学生思维领域的特色之路，从而丰富每一个学生的经历。

课程即个性张扬。"至善教育"倡导学校教育的各个元素都结合自身实际，了解每一个学生、关注每一个学生、激励每一个学生、成就每一个学生，使每一个学生都能实现自身全面、个性的发展。

课程即文化相遇。"至善教育"主张加强课程建设，强调各课程培养人的整体性，彰显课程在育人方面的适合性，根据为每一个学生充分发展奠基的要求，整合课程资源，开发校本课程，构建国家、地区、校本三级课程体系，实现以课程建设为基调的文化相遇。

基于"至善教育"的止于至善的目标追求和我们对课程的理解，我们确立了"在这里与最美的自己相遇"的课程理念，认为课程就是学生与最美的自己相遇的跑道，它将促进每一个学生成长为最好的自己。

2. 至善教育办学思想体系的构建

（1）办学思想

"至善教育"，既包含"教育善"，也包含"善教育"，是指通过教育使每一个学生掌握事物和个人发展的方法，达到做最好的自己的目的。

（2）办学理念

教育让每一个生命充分生长。其中，每一个指教育面向全体学生；生命指教育对象的本质是活生生的人；充分指发展的程度，从人的全面发展到满足人的个性的自由发展，再到止于至善的充分发展；生长指教育促进人发展的方式，目的是唤醒人的内需，提高人的自主发展能力。

（3）校训

知止至善。其中，知止——知其所止，是育人的方法和路径；至善——止于至善，是育人的目标与追求。

（4）办学目标

人文斐然的现代小学。人文：先进的价值观及规范。斐然：人文气息浓厚。现代小学：教育思想现代、管理体系先进、教育方法科学、办学队伍专业、教育设施完备、办学质量一流的花都区品牌学校，广州市优质学校。

（5）管理理念及目标

发展型管理：坚持岗位培养，通过方向性引导、过程性指导、条件性支撑、阶段性评价促使管理者在促进学校发展的过程中实现个人和团队的专业发展；建设一支办学思想现代，管理方法科学，管理实践专业，富有反思精神、学习能力、人文情怀的管理团队，使学校管理向制度化管理、精细化管理、人文化管理迈进。

（6）培养目标

培养向善、求真、健体、尚美、善创的至善少年。

（7）校风

敦行至善。

（8）教风

臻于至善。

（9）学风

存真成善。

（二）学校"至善教育"课程图谱的构建

1. 课程理念：在这里与最美的自己相遇

"在这里"是在哪里？在课程里，学生在教师的带领下共同经历从起点到目标的学习过程，即课程跑道。在这个跑道里，课程是生命场景，是师生生命共度的过程；课程即丰富经历，是从人类历史经验中汲取营养，不断丰富个体人生体验、生活学习经验的过程；课程即文化相遇，是传承和创生人类文化，用文化滋养、厚植个体生命内生发展的过程。其目标是与最美的自己相遇——做最好的自己，即培养止于至善的圆玄学子。

2. 课程目标：培养向善、求真、健体、尚美、善创的至善少年

"至善教育"特色课程目标分为三个层次：第一个层次是个体发展，强调"善"始于内在，培养学生良好的品格情操，同时让学生善于学习，重点是"品行+能力"；第二个层次是协调发展，引导学生懂得并践行与自己、他人、社会、自然的和谐相处之道，重点是"认知+运用"；第三个层次着眼于人的终身发展、充分发展，重点是"关键能力+核心素养"。

3. 课程体系，呈完整结构

课程的总体框架：三层五育。其中，三层：第一层共同基础课程，第二层学科拓展类课程，第三层横贯类课程；五育：善德、善智、善健、善美、善创。如此，我们再将其分解到各年级，形成我校的课程目标体系（表2）。

表2　我校的课程目标体系

目标 年级	低年级	中年级	高年级
向善	会使用礼貌用语，能够和同学友好相处。尊敬老师，尊敬长辈，学会感恩。积极帮助别人做力所能及的小事，热爱劳动，感受生活的美好	注重个人礼仪，有爱心，乐助人，文明礼貌，团结同学，尊敬师长，热爱集体。会动脑帮助别人解决困难，善于发现生活的美好	遵守公共秩序，关心他人，关注生命，爱护公共设施，爱护有益动物，保护生态环境。能自我管理，拥有对美好生活的追求、乐观的生活态度和健康的心理

目标 年级	低年级	中年级	高年级
求真	热爱生活，能对常见问题提出"为什么"。热爱学习，基本养成听、说、读、写的良好习惯	学习积极主动，自信，能独立思考，能够表达自己的感受和观点。热爱学习，有浓厚的学习兴趣，注重联系实际	会独立思考，有与他人不一样的解决问题的方法与策略。热爱学习，能保持浓厚的学习兴趣，能熟练地将所学运用于实践
健体	掌握各种基本动作的简单方法和技能，学会一些游戏、韵律活动的方法，能体验参加体育活动的乐趣，遵守纪律，能与同学团结合作	认识自己的身体，掌握锻炼身体的简单知识及方法。学会一些体育、卫生保健方面的常识，培养认真锻炼身体的态度	学会一些体育、卫生保健方面的常识，掌握简单的运动技能，进一步提高身体素质及身体基本活动能力，具有主动、积极参与体育活动的意识和行为，对体育活动有浓厚兴趣
尚美	喜欢参加唱歌、画画、舞蹈、弹奏乐器等艺术活动，对学校的艺术课程十分感兴趣	保持对艺术的兴趣，乐于参与艺术活动，初步具有艺术表现能力	具有艺术想象力和创造力，能初步感受艺术魅力，鉴赏艺术作品
善创	对创新有基本的认识，在生活和学习中对创新有所发现和感受	初步具备创新意识，参与学校创新活动，感受创新带来的乐趣	积极参加各类科技创新活动，在活动中不断提升自身的创新能力，培养自身的科学精神

4. 课程逻辑

学校课程是一个完整的体系，体现为基础课程和学科拓展类课程的有效整合，体现在三个年级段课程目标的整体布局、分步实施上。构建课程体系是为了进一步梳理学校课程建构的脉络，为创造性地落实国家课程提供可操作性框架，进一步指导教师的课程开发与实施工作，具体体现在以下三方面：一是为了完善国家课程、地方课程的校本化实施，在课程重组中实现国家课程的再组织和再开发；二是根据学校实际和教师特点，针对学生的基础能力和个性差异，提高课程的选择性，在课程统整中体现本校文化传统和个性教育方式，开发学科拓展类课程；三是为了发展学生的综合素质、核心素养，结合学校各种文化活动和实践活动，开发横贯类综合实践课程、项目学习课程，完善课程管理。为了进一步统整学校课程基本分类，逐步明确学校课程发展方向，根据学校课程实际、课程发展理念及目标，本研究构建了

"至善课程"结构体系，如图8所示。

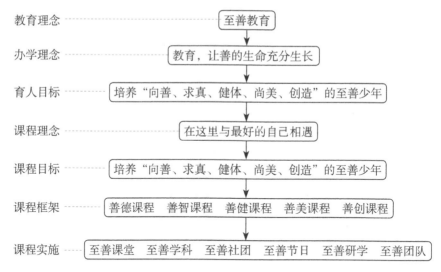

教育理念 ——————→ 至善教育

办学理念 ——————→ 教育，让善的生命充分生长

育人目标 ——————→ 培养"向善、求真、健体、尚美、创造"的至善少年

课程理念 ——————→ 在这里与最好的自己相遇

课程目标 ——————→ 培养"向善、求真、健体、尚美、创造"的至善少年

课程框架 ——————→ 善德课程　善智课程　善健课程　善美课程　善创课程

课程实施 ——————→ 至善课堂　至善学科　至善社团　至善节日　至善研学　至善团队

图8　"至善课程"结构体系

5. 课程结构图谱

根据"至善课程"逻辑图，结合学校课程资源，对课程的内容体系进行系统构建，具体如下（图9）：

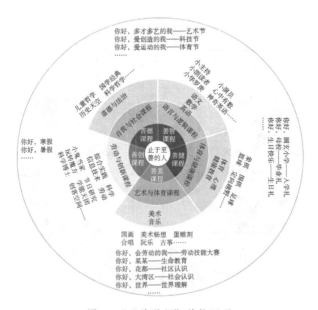

图9　"至善课程"结构图谱

6. 学校课程计划

本研究遵循课程系统的内在逻辑，运用课程图谱可视化的"穿针引线"功能，从横向和纵向两个方面构建学校课程的生态地图，制订和完善学校的课程计划，解决了原来课程杂乱无序、零敲碎打的问题，构建起一个结构清晰、系统架构的课程体系。

附1：广州市义务教育课程计划（表3）

表3　广州市义务教育课程计划

课程门类＼年级（周课时）	一	二	三	四	五	六	七	八	九	学科总课时	九年课时总比例（%）
品德与生活	2	2								140	
品德与社会			2	2	3	3				350	6.96
思想品德							2	2	2	206	
语文	9	8	7	7	6	6	6	5	5	2055	20.54
数学	3	4	5	5	5	5	5	5	5	1460	14.59
英语	2	2	3	3	3	4	5	5	5	970	9.70
科学	1	1	2	2	2	2				280	
生物							2	2		140	7.56
物理								3	3	204	
化学									4	132	
历史							2	2	2	206	
地理							2	2		140	3.46
体育	4	4	3	3	3	3				700	10.09
体育与健康							3	3	3	309	
音乐	2	2	2/1	2/1	2/1	2/1	1	1	1	453	9.06
美术	2	2	1/2	1/2	1/2	1/2	1	1	1	453	
信息技术			1	1	1	1	1	1	1/0	140	
综合实践活动	1	1	2	2	2	2	2	2	2	486	18.05
地方与学校课程	2	2	3	2	2	1	6	4	4/5	1180	
周课时总量	28	28	30	30	30	30	38	38	38	10004	100

说明：

1. 每学年上课时间按35周计算（初三33周）。小学、初中每课时40分钟，九年总课时量10004。

2. 如果部分初中学校按每课时45分钟安排，九年总课时量为9569，可参照本课程计划的基本原则执行。

3. 表中周课时为分数的，分子为该学年第一学期的周课时，分母为该学年第二学期的周课时。

4. 有条件的学校英语口语课可在小学一年级开设2节、二年级开设3节，在地方课程与学校课程中安排。

5. 英语等学科特色课程、专题教育、校会、班会、团队活动、科技文体活动等由学校在地方课程与学校课程中安排。

附2：花都区圆玄小学课程计划（表4）。

表4　花都区圆玄小学课程计划

	学科	一	二	三	四	五	六
基础类课程（必修课）	道德与法治	2	2	2	2	3	3
	语文	9	8	7	7	6	6
	数学	3	4	5	5	5	5
	英语	2	2	3	3	3	4
	科学	1	1	2	2	2	2
	体育	4	4	3	3	3	3
	体育与健康						
	音乐	2	2	2/1	2/1	2/1	2/1
	美术	2	2	1/2	1/2	1/2	1/2
	信息技术				1	1	1
	综合实践活动、劳动	1	1	2	2	2	2
地方与学校课程	数学思维	2	2	1	1	1	
	班队会、心理健康	1	1	1	1	1	1
	国学、书法	1	1	1			
	周课时总量	30	30	30	30	30	30

拓展类课程（选修课）	语文拓展	语文阅读	1	1	1	1	1	1
		硬笔书法						
		少儿口才	1	1	1	1	1	1
		语言艺术						
		朗诵与主持	1	1	1	1	1	1
	体育拓展		1	1	1	2	2	2
		足球	1	1	1	2	2	2
		美式橄榄球	1	1	1	2	2	2
		篮球		2	2	2	2	2
		定向越野	1	1	1	2	2	
		乒乓球			2	2	2	2
		羽毛球	2	2	2	2	2	2
		跆拳道	1	1	1	1	1	
		围棋	1	1	1	2	2	2
		中国象棋	1	1	2	2	2	
		啦啦操	1	1	1	1	1	1
		小牛顿实验	1	1	1	2	2	2
		编程技术及思维	1	1	1	1		
		快乐思维						
	艺术拓展		1	1	1	1	1	1
			1	1	2	2	2	1
					2	2	2	2
		创意绘画	1	1	1	1		
		卡通漫画	1	1	1	1	1	
		轻黏土			2	2	2	
		水墨						
		蛋雕刻	2	2	2	2	2	2
		古筝	2	2	2	2	2	
		街舞	1	1	1			
		尤克里里						
		风雅中国舞	1	2	2	2	2	
		民族民间舞	2	2	2	2	2	2
			2	2	2	2	2	
					2	2	2	
					2	2	2	

选修课	艺术拓展	合唱			2	2	2	
		阮乐	1	1	2	2	2	
		鼓号	1	1	2	2	2	
横贯类课程综合实践课、项目学习课	你好，寒假							共10
	你好，暑假							共10
	你好，圆玄小学——入学礼		3					
	你好，母校——毕业礼				3			
	你好，生日快乐——生日礼						3	
	你好，多才多艺的我——艺术节			3				
	你好，爱创造的我——科技节				3			
	你好，爱运动的我——体育节					3		
	你好，会劳动的我——劳动技能大赛			3				
	你好，某某——生命教育						3	
	你好，花都——社区认识				3			
	你好，大湾区——社会认识		3					
	你好，世界——世界理解					3		

说明：

1. 每学年上课时间按35周计算。小学每课时40分钟。

2. 表中周课时为分数的，分子为该学年第一学期的周课时，分母为该学年第二学期的周课时。

3. 英语等学科特色课程、专题教育、校会、班会、团队活动、科技文体活动等由学校在地方课程与学校课程中安排。

4. 选修类课程安排在每天下午课后的托管时间，4时30分~5时30分为一课时，5时30分~6时30分为另一课时。

5. 横贯类课程是综合利用班会课、校本课、寒暑假（寒暑假综合实践作业）等时间，为学生社团、小组学习、小队合作开展的综合实践课、项目学习课，其授课时间为长短课时。

（三）基础性课程构建，构建校长、教师、学生共同的课程图景系统

本研究所指的学校课程图谱为"纵横交错的立体课程"，"至善课程"图谱的构建就是指构建"至善教育"的纵横交错的立体课程。除了构建"三层五育"的立体课程框架，根据我们对"至善教育"课程观的定义，课程的实施过程就是课程研发的过程，根据"至善教育""让每一个生命充分生长"的核心理念，课程的实施与管理体现了学校对课程理念的贯彻与执行，这就要求学校为学生创设民主的、人文的课程学习环境，使之成为学生发展自我的内在需求。

1. 横向组织

运用单元教学、大任务学习，构建以学为主的"至善课堂"，实现国家课程校本化研发。

关注课程内容或学习经验之间的横向统整，强调打破学科之间的界限和传统的知识体系，以便让学生有机会更好地探索社会和个人最关心的问题。"大观念""广义概念""探究方法"作为课程内容组织的要素，使课程内容与学生的校外经验有效地联系起来。

"至善课程"的实施改变了以往的单篇教学，基于学科核心素养导向的单元教学，以人的整体发展为本，立足课程整体理念和思维，系统和整体地规划、设计、实施和评价单元教学要素和结构，使学生主体在真实有效地解决问题的过程中习得和运用知识，形成必备品格，养成关键能力。它打通了传统"课"与"课"之间的联系，突出体现了教学的系统性、整体性、连续性和开放性特征。

单元先导，重构课堂。学校教师经过多次研究，确立了"导入—展开—总结"的课堂模式。导入：创设情境，发现问题，明确任务，制订计划。展开：探究学习开展过程，习得—理解—运用。这个过程具有以下特性：深度性——提出自己的观点和想法；对话性——提升和扩展自己的观点和想法。总结：自我评价目标的达成状况，反思收获和未来努力的方向。

课型细化，深入研究。我们把"至善课堂"的课型分为综合课、自学课、展示课、反馈课。如果课题需要一课时完成，那就要在一课时内整体呈现自学、展示等内容；如果课题需要两课时完成，则可以根据实际情况设计成自学课、展示反馈课，或者自学展示课、反馈课；如果课题需要三课时完成，则一般设计为自学课、展示课、反馈课，但也有自学课通过两课时呈现的，展示和反馈通过一课时完成，根据具体需要灵活调整。

2. 纵向组织

在明确各门课程不同年级、不同学段的目标体系、课程内容、实施方法、评价要点等系统的基础上，进行支架式教学，构建以学为主的"至善课堂"，直至形成以"课程目标、学习任务单、学习指南、学习评价为具体形态的具有内在逻辑体系和清晰表达的，关于每门课程的校长、教师、学生共同的课程图景系统"。

（1）通过任务单构建以学为主的学习模式，凸显了以学生为主体。学习任务单使学习要求模式清晰明了，简化了以往教学中的繁杂流程和不必要的设计，实现了学习目标、学习环节的至善，实现了从"教什么"向"学什么"的转变。

（2）学习指南突出了学法指导科学化、体系化，实现了从"怎么教"向"怎么学"的转型。在"新模式"的运用中，关键是将每个学习环节的要求进一步细化并科学系统地指导学生，帮助学生适应新课堂。

（3）组建学习小组，构建个人自主学习、小组合作学习、班级学习的课堂学习基本样态，落实每一个学习任务，描绘每一幅课程图谱。在一个班级内，各科教师越协调统一，要求越一致，就会越加快学生对新学习模式的适应，提升小组学习的效率。同时，要把学习小组向学习共同体推进，如在学习小组的基础上组建学习小队，开展项目式学习，又如在学校长程作业的落实中，四个学习小组组长检查组员过关情况，队长检查组长过关情况，老师检查队长过关情况。

（4）创建真实的问题情境，让学生能积极主动地学习；设计驱动性学习任务，让学生能深度学习；搭建合作交流平台，让学生能开展合作性学习；创造自主思考空间，让学生能开展反思性学习；构建合适的学习支架，让学生能在最近发展区学习。"以学为主"的学习模式，既培养了学生自主合作学习的能力、创新意识和实践精神，又使学校逐渐形成了"至善教育"文化风格。

3. 案例研究，强化教师团队专业性建设，提升其课程图谱的设计能力

教师是课程开发、实施和评价的核心要素。大到课程体系的构建，也就是课程地图系统的绘制，小到每一节课的开发和实施，也就是一个个课程街景的绘制，都需要教师具有课程研发、课程图谱绘制的能力。要保证课程的联结性和一致性，更需要教师的专业能力作为基础和保证。因此，开展教师系列研训活动、加快教师专业化发展是课程构建的关键。同时，本课题的研究，特别是案例研究、课例研究等也是加快教师专业化发展的有效策略和路径。

（1）主题教研，绘制课程图谱

我们组织教师围绕内容主题或能力主题，采用行动研究的方式，通过开展集体备课活动，积极倡导"单元整合"。每位教师都深入研读课标，解读教材，在分析学情的基础上，梳理单元目标体系，明确单元教学内容体系、学习任务单、学习指南、学习评价等要求，提高备课质量；本着"以学为本"的原则，积极探索自主学习、合作学习、探究学习的方法，共同构建以学生自主学习为主的支架式教学模式。同时，我们采用设计—行动—反思—再设计—再行动—再反思—成果汇报的行动研究模式，突破研究主题，实现学校、教师、学生心中课程图景的生成性、一致性，提高课程质量。

（2）课例研究，解决课程图谱构建中一致性和联结性问题

实验教师采用同课异构、同课同构等方式，在专业引领、集体备课的基础上，进行多人磨课和单人磨课，运用设计—行动—反思—再设计—再行动—再反思—成果汇报的行动研究模式，融主题教研、行动研究、课堂变革于一体，采用教研组公开课和一年一度的"教学节"成果汇报会等方式，将主题研修的成果通过课前讲座、课堂教学、课后反思等形式进行展示分享，并由评委会进行总结评比。课例研究使教师明确了课程图谱绘制的方向、方法和要求，全面提高了教师的课程能力、教学能力和研究能力，促进了教师积极主动的专业发展，形成了浓厚的教育科研氛围，促进了"至善教育"课程图谱构建的研究，提升了学校的教育教学质量。

（四）拓展类课程建设，构建学生个性化的课程图景系统

本研究基于"至善教育"的育人目标，从学生的需求入手，结合国家课程对各学科课程标准的要求，采用教师个人、教师团队、教师团队与校外专业机构共同研发等方式，开发了语言与逻辑类、劳动与科创类、艺术与修养类、自我与社会类、体育与健康类等学科拓展类课程；采用选课走班的方

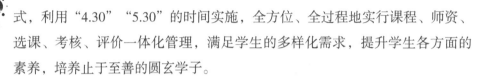

式，利用"4.30""5.30"的时间实施，全方位、全过程地实行课程、师资、选课、考核、评价一体化管理，满足学生的多样化需求，提升学生各方面的素养，培养止于至善的圆玄学子。

（五）绘制横贯类课程图谱，发展学生的横贯能力

本研究所指的学校课程图谱为"纵横交错的立体课程"。"横向组织"，也称"水平组织"，是指课程内容或学习经验之间的关系，它关注横向的统整，强调打破学科之间的界限和传统的知识体系，以便让学生有机会更好地探索社会和个人最关心的问题，并主张以"大观念""广义概念""探究方法"作为课程内容组织的要素，使课程内容与学生的校外经验有效地联系起来。我们开发的横贯类课程着眼于发展学生贯穿不同学科和领域需要具有的横贯能力（综合能力）。它跨越学科界限，将不同领域的知识和技能整合起来，以满足学生个人发展、学习、工作和参与公共事务的各种需求。不同于通过传统学科进行知识的学习，横贯能力属于综合素养的范畴。借鉴芬兰的经验，本研究着重发展学生七个方面的横贯能力：思考与学习能力（在不同的环境中主动学习的意识，为终身学习奠定基础），文化素养——沟通与自我表达的能力（适应多元环境与文化、尊重人格，并以尊重为前提，在多元环境中沟通和表达自己的能力），照顾自己——日常生活的技能与保护自身安全的能力（从与生活相关的健康、安全、人际关系、理财等多个方面，培养学生面对未来复杂生活的积极心态），多元识读能力（引导学生通过文字、图像、声音等媒介理解文化的多样性，引发对道德和审美相关问题的思考并发展批判性思维和自学能力），信息技术能力（将信息技术的学习和应用渗透到各个学科的学习或学校的活动之中），工作生活能力与创业精神（通过项目活动帮助学生积累未来工作的相关知识、学习创业的方式，让学生认识到能力对自身职业发展的重要意义）；参与、影响和构建可持续发展未来的能力（通过实践活动培养学生行使民主权利和自由权利的能力，为他们成为积极参与公共事务的未来公民打下基础）。

（六）"至善教育"课程评价，实现评价主体多元化

评价方式多样，让学生看见自己的成长，让教师、家长看见自己的发展，提升"至善教育"办学理念下"至善课程"图谱构建的效度和信度。

课程评价是一个价值判断的过程，要求在事实描述的基础上，体现评价者的价值观念和主观愿望。本课题课程评价的价值观念和主观愿望是"至善教育"的办学思想，价值取向是过程取向的课程评价。我们试图将教师和学生在课程开发、实施以及教学过程中的全部情况都纳入评价范围，强调评价者与具体情境的交互作用，主张结果不论是否与预定目标相符、与教育价值相关都应当受到评价。根据评价对象的不同，本研究从学生评价、教师评价、家长评价等方面对"至善课程"图谱构建进行评价。其中，学生评价以过程性评价和阶段性评价相结合、以学业评价和全面评价相结合。教师评价在传统的优秀教师、优秀班主任等综合评价的基础上，针对课程图谱建构研究，设计了至善之师的10个单项评价，同时通过基于数据的班级、年级、学科教学质量分析，对课程以及教师的教和学生的学进行评价。此外，开展了家长评价，形成了课程育人和家庭育人的整合，提升了"至善教育"办学理念下"至善课程"图谱构建的效度和信度。

本课题采用目标（objective）评价模式，目标评价模式是在泰勒的评价原理和课程原理的基础上形成的。其中，评价原理可概括为七个步骤：确定教育计划的目标、根据行为和内容解释每一个目标、确定使用目标的情境、设计呈现情境的方式、设计获取记录的方式、确定评定时使用的计分单位、设计获取代表性样本的手段。评价原理是以目标为中心，主要针对20世纪初形成并流行的常模参照测验的不足而提出的，可以概括为四个步骤：确定课程目标、根据目标选择课程内容、根据目标组织课程内容、根据目标评价课程。其中，确定课程目标是最为关键的一步，因为其他所有步骤都是围绕课程目标展开的。在泰勒看来，要系统地、理智地研究课程计划，首先必须确定所要达到的目标。评价方法应与课程目标相切合，否则评价结果便是无效的。由此可见，评价的实质是确定预期课程目标与实际结果相吻合的程度。目标评价模式强调用明确的、具体的行为方式来陈述目标。评价是为了找出实际结果与课程目标之间的差距，并对这种信息反馈给决策者作为修订课程计划或修改课程目标的依据。

在学生评价方面，我们主要从几方面入手：一是在指导思想上突出评价的发展性功能和激励性功能，通过建立"至善评价"的星级评价体系、每天的评星、阶段性换星和兑换礼物活动，让学生看见自己的成长，明白怎样做才能使自己更优秀，重视对学生学习潜能的评价，立足于促进学生的学习和充分发展，为实施"适合学生的教育"创造有利的支撑环境。二是在评价的主体上，调动学生主动参与评价的积极性，改变评价主体的单一性，实现评价主体的多元化，建立由学生、家长、社会、学校和教师等共同参与的评价机制。三是在评价的方法上具体做到以下四点：①由终结性评价发展为形成性评价，实行星级评价、单元评价、过关测评、才艺及作品展示、期末评价等多次评价和随时性评价，突出过程性。②由定量评价发展为定量和定性相结合的评价，不仅关注学生的分数，更关注学生的学习动机、行为习惯、意志品质等。③由相对评价发展为个人内差异评价。相对评价是通过个体的成绩与同一团体的平均成绩相比较，确定其成绩的适当等级的评价方法，也被称作"常模参照评价"，这是我们最常用的评价方法。这种评价缺乏对个人努力状况和进步程度的适当评价，不利于肯定学生个体的进步。个人内差异评价是对学生个体同一学科的不同方面或不同学科之间成绩与能力差异的横向比较和评价，以及对个体两个或多个时点的成就表现的前后纵向评价，这种评价可以为教师全面了解学生提供准确和动态的依据，也可以使学生更清晰地掌握自己的实际情况，有利于激发其学习动力、挖掘其学习潜能、改进其学习策略等。④由绝对性评价发展为差异性评价。绝对评价是对学生是否达到目标的要求或"达标"的程度所做出的评价，也被称为"标准参照评价"。这种评价过于重视统一性，忽视了评价的差异性和层次性。我们提倡对不同的学生采用不同的评价标准和方法，以促进所有学生都在"最近发展区"内获得充分发展。

1. 单元评价，运用目标评价模式，实现知识评价向素养评价的转型

（1）单元整合，目标导向

单元整合是教学改革的大趋势，教师要从机械、低效的单课时思维模式中跳出来，走上有利于学生进行系统化学习的单元学习革新之路。学科要素的落实需要精心整合单元内部的各个环节。此外，设计评价内容时也要抓住单元知识间的内在联系进行单元整合，立足于整个单元的学科要素，确保每一课的训练点都得到落实，以促进整个单元目标的落实。

根据目的的不同，学习可分为预习、练习和复习三类。不同的学习类型，要配合不同的作业。对于课前预习，我们可以对其进行前置评价，对学生的学习起点进行分析；对于课中练习，可以进行即时评价、差异评价和形成性评价，反馈学习的过程与目标实现程度之间的效度和信度；对于课后复习，可以进行总结评价或后测评价。如果我们把课前和课后进行比较分析，那么预习和课后作业就成了前后测评价；如果我们对一节课、一个单元进行分析，这就是课程的形成性评价，也是目标评价。

教师可以在预习时设计引导性作业，要求学生进入课堂之前自学完成，即预习作业；课堂教学进行时设计同步完成的形成性作业，即随堂练习，注重针对性；学习之后设计诊断性作业，即有助于复习巩固的课后作业。这三类作业和三类学习相适应，瞄准不同学习阶段的目标，让作业、学习、评价活动在不同环节构成闭环，这样做能不断提升学生的学习力，更好地保障课程实施的质量。

（2）创设情境，任务驱动

本研究创设单元大情境作为单元整体的任务驱动，在此基础上分步骤设置小关卡，让学生在通关游戏活动中掌握知识点、习得技能，从而使学生更加积极主动地完成作业。同时，让学生在模拟的真实情境中完成各项学习任务，更好地锻炼学生解决问题的能力。

（3）善用资源，拓展延伸

拓展性的作业是由文本所引发的相关知识的链接，能开阔学生视野，发散学生思维，促进学生思维能力和想象力的提升，让学生富有变化地经历学习的过程，在"寓学于变"中兴致盎然地展开学习，同时考查学生的综合能力和迁移能力，实现"至善教育"培养止于至善的人的目标。

（4）关注差异，分层作业，差异评价

作业的设计应该充分考虑学生学情和学生群体的差异性。只有将作业分层，针对不同层次的学生设计符合其认知水平和实践水平的作业，充分引导不同层次学生持续、有意义地学习。

教师应分层设计作业，让学生自主选择作业。学困生可以完成基础训练题，题目难度降低了，题量变少了，他们做起来才会比较有信心。优秀生可以挑战有难度的题型，提升思辨能力。同时，作业完成后的评价也很重要，对学困生要多鼓励，及时给予评价，让中等生有信心，让优秀生有压力、有挑战的欲望。

（5）单元评价

变机械重复为快乐实践，激发学习兴趣就是发挥了评价的激励功能。教师应变硬性统一为自由自主，使学生可以自主选择作业的内容和形式，自主选择作业的数量和完成方法，将多种学科整合，变封闭性作业为开放性作业，重视学生学习的主体性、评价的多元性，让评价成为学生发现问题、解决问题和体验成功乐趣的活动，挖掘学生的潜能，让学生看见自己的成长，帮助学生树立自信心，促进学生积极主动地发展。同时，使课程评价伴随课程开发始终，有效地保证课程开发的质量，使课程图景更清晰、课程街景更迷人、课程图谱构建更系统。

九、当前成效分析

在两年的研究中，我们通过"至善教育"办学思想的重建和实践，加快了学校办学队伍、"至善课程"、支架式教学和个性化学习课堂、至善评价和新型班级建设，实现了学校的快速、高品质发展。

（一）课题研究解决了三大问题

1. 办什么样的教育

至善教育就是通过教育让每一个生命充分生长。"每一个"是面向全体，确保教育的公平；"生命"是教育对象的性质，教育的对象是活生生的人；"充分"是发展的程度问题，我们认为促进人的完整性和独特性的发展，使其成为最好的自己，就是充分发展，就是优质的教育；"生长"是教育的本质，教育施加的各种影响只有符合个体的需要，与之匹配，才是积极的。外因通过内因发生作用，教育要唤醒和激发人的需求、潜能，使其内生地、自发地、主动地符合人自身的发展规律，使人自主地发展。

2. 培养什么样的人

至善教育就是培养全面发展、自由发展、充分发展的人。全面发展指德、智、体、美、劳全面协调地发展，培养向善、求真、健体、尚美、创造的人；自由发展是指促进每个学生个性化地发展，做最好的自己；充分发展是指让每个学生充分发挥个性，激活潜能，做"止于至善"的自己。

3. 怎样培养人

我校践行"知止至善"的校训，通过发展型管理，采用"教研训一体

"化"的教师培养模式,培养臻于至善的教师队伍,构建"三层五育"的至善课程体系以及支架式教学和"个性化"学习课堂,营造敦行至善的人文环境和安全、温馨的物化环境,进行全面质量管理,建立面向全面、全员、全程的发展性的至善评价体系,不断提升教育品质,培养存真成善的学生,努力办一所花都区示范、广州市一流、人文斐然的现代小学。

钟经廷校长的办学思想与实践以"知其所至 止于至善"为题被收录到《新时代教育家型校长的使命与担当》(由《中国学术期刊(光盘版)》电子杂志社有限公司出版)一书中。我校持续稳定、快速发展,年年获得花都区教育质量一等奖,各项指标在全区名列前茅,被评为广东省绿色学校、广东省红旗大队、广州市家长示范学校。

(二)课题研究构建了"至善教育"课程图谱

1. 构筑生命共同体,打造育人新模式

基于德育的实效性不高、班级管理"管不住"学生的现状,向善德育课程把学生、教师、家长作为班级建设的主体,围绕"生命共同发展"的核心价值,本着全纳全程、共建共享的原则,把学生的学习生活、班级生活、日常生活、班队活动等作为教育本身,真实地促进学生全面发展、个性成长。我们从"组织共建""文化共育""学习共同""活动共创""家校共育""评价共生"六个方面对小学班级生命共同体建设进行了实践研究,还原了班级的生活气息,激活了班级的生命活力,使班级管理向班级建设转型,实现了管理从"管住人"到"发展人"的价值转型,促进了学生的全面发展,加快了家校教育的融合。实验班班主任体验到了教育方式改变所带来的教育效果,充分沉浸在学生生命成长的喜悦中,享受着工作带来的成就感,从不想当班主任转变为享受班主任工作带来的自我效能感。李春燕、汤舒婷、唐玉佳等老师被评为广州市骨干班主任,谢婉华、黄艳芬、汤丽娴、王春蕾等老师被评为花都区骨干班主任。实验班被评为广州市红领巾中队和广东省红领巾中队。唐玉佳老师成长为区班主任工作坊主持人,经常与校外的教育同行分享经验。学校也被评为广东省红旗大队,研究成果被《中国教育报》以"构筑生命共同体 打造育人新模式"为题报道推广。

2. 整体建构"三层五育"至善教育课程图谱,让学生与最美的自己相遇

"至善教育"理念下学校课程图谱的建构,遵循"至善教育"的办学理念（教育让每一个生命充分生长），充分展现学校的课程理念（在这里与最美的自己相遇），运用课程图谱的方法，分析和建构课程的内在逻辑，整合国家、地方、学校三级课程，采用纵横交错的立体课程图谱，根据"培养向善、求真、健体、尚美、善创的至善少年"的课程目标，结合单元教学、主题教研、支架式教学研究，实现国家课程校本化，开发基础类课程，开展"整本书阅读"等研究，开发学科拓展类校本课程，开展"你好，寒假""你好，暑假"等"你好"系列综合实践类、项目学习类课程研究，开发综合实践类横贯课程，通过各学科课程的联结性和不同课程总体育人目标的一致性，整体建构"三层五育"至善教育课程体系。

（1）国家课程校本化研发。大单元教学、大任务学习是国家（地方）课程校本化研发的有效路径，支架式教学是实施以学为主、培养学生素养的课堂教学的有效手段。国家（地方）课程校本化研发是落实立德树人根本任务、培养五育并举的高素养的现代公民的主要路径。

本研究根据学生学习认知的现状，在国家（地方）课程标准的基础上，对课程标准和课程内容进行解析，从课程到单元主题、课题、教学活动，整体构建课程的目标体系，研究学生学习起点，组织学习内容，选取学习方式，确定评价方式，为课堂学习"搭建支架"，通过"学习任务单"把"教什么"转化为"学什么"，通过"学习指南"把"怎么教"转化为"怎么学"，通过任务单层次化，实现学习内容与学习需求和起点的匹配，实现课程目标具体化、课程内容适合化、课程实施一体化，保证课程一致性，实现了从"教的课堂"向"学的课堂"的转型，整体提升了教育质量。学校贯彻"双减"政策，设计校本作业单，努力让学生在校内学足、学好，真正减轻学生的作业负担。

（2）校本课程生本化，向学科拓展，是实现教育差异化发展、学生个性充分发展的方法和路径。

学校从学生的需求入手，构建了人文素养类、科学素养类、生活技能类、艺术修养类、学科拓展类五大类40多门课程，力求提升学生各方面的素养。学校课程分为必修课和选修课：必修课有文明礼仪、硬笔书法、国学经典、综合实践活动、专题教育等，选修课包括琵琶、扬琴、古筝、笛子、钢琴、剪纸、十字绣、国画、素描、建模、机器人研发、航模制作、3D打印等。此外，我们还组建了校队，专门开设合唱、管乐、民乐、篮球、足球、定向越野、3D打印等社团课程，提升学生的艺术审美能力和身体素质。汤舒婷老师带领的阮乐器乐合奏团现已具有相当的规模和影响力，已成为学校的特色，在2020年9月代表学校参加花都区中小学中华传统文化特色项目比赛并取得了一等奖的好成绩；2022年5月参加花都区艺术教育评比活动获一等奖，并作为唯一一个单位代表花都区参加广州市评比。我们通过开展"430定向越野"课堂，在二、三年级中推广普及定向越野课程，在四、五年级开展校本课程，提升了学生的运动技能水平。邓明松老师带领的定向越野校队在各项比赛中均取得优异成绩，荣获2021年广州市中小学生校园定向越野比赛团体第三名。周杰荣老师带领的篮球校队在花都区中小学篮球联赛中获得小学女子第二名、小学男子第四名的好成绩。学校合唱队参加"花都区第十二届学校合唱节"荣获一等奖，2021年获全国二等奖。丰富多彩的课程符合学生兴趣多样化的需求，满足了为每一个学生提供适合的教育的要求。

（3）学生活动课程化，指向核心素养，发展学生的横贯能力，既是横贯课程开发的方法策略，也是培养止于至善的人的有效路径。"你好，寒暑假"课程不但解决了长期存在的对于寒暑假作业学生不想做、老师没空改、效果差的问题，而且实现了各学科的横向联结，发展了学生的综合实践能力。寒暑假作业的项目化学习，促进了学生的各学科的深度学习；寒暑假作业的综合实践化学习，实现了学生综合能力的发展；寒暑假作业的社会化、合作化学习，提高了学生的社会认识，加深了他们对世界的理解，也加快了他们社会化的进程；在开学第一天把寒暑假作业向全班、全校展示，改革了寒暑假作业的批改方式，激发了学生的学习劲头。

学校把每一次活动都当作促进学生发展、丰富学生生命的课程来开发；按照课程四要素，即课程目标、课程内容、课程实施、课程评价，从活动前的策划进行学生需求分析、育人目标确立，活动内容选择上升为课程内容，活动组织完善为课程实施，从课程评价的角度，特别是从目标、内容和实施成效分析的角度进行活动后的反思总结，实现了学校部分活动的课程化；围绕学生的日常生活，开发了"你好，圆玄小学——入学礼""你好，母校——毕业礼""你好，生日快乐——生日礼""你好，多才多艺的我——艺术节""你好，爱运动的我——体育节""你好，爱创造的我——科技节""你好，会劳动的我——劳动技能大赛"等系列横贯类课程，包含艺术教育、入学教育、毕业教育、班会主题教育、节日庆贺、国旗下讲话、社团集会、技术实践等十大活动课程，将学生的日常生活全方位纳入其中，不仅为学生的个性发展搭建了平台，而且着重培养了学生的思考与学习能力，沟通与自我表达的能力，照顾自己——日常生活的技能与保护自身安全的能力，多元识读能力，信息技术能力，工作生活能力，参与、影响和构建可持续发展未来的能力等七个方面的横贯能力，为他们成为积极参与公共事务的未来公民打下基础。

学校的课程建设得到了花都区政府的高度肯定，2019年11月26日，我校举办了全区课程建设现场会，对学校的课程建设成果进行了推广。会上，钟经廷校长介绍了我校"至善课程"的构建与实施路径；数学科组着重展示了我校主题教研活动的情况，为大家呈现了一次完整的主题教研活动；语文科组则以二年级上册口语交际为例，向教师们汇报了我校单元整体教学研究的情况。

3. 进行"至善课堂"教学改革，探索"至善课程"的有效实施路径

学校推进"以学为主"的课堂教学改革行动，扭转了"教师只关注教，而学生不是真学"的被动局面；通过研究学生的学习起点，对学习目标进行分解，根据学生的最近发展区，搭建学习支架，设计个人学习任务单或者小组学习任务单，把"教什么"转化为"学什么"，设计学习指南把"怎么教"转化为"怎么学"，实现了从"教的课堂"向"学的课堂"的转型；采用个人学习、小组学习、班级学习等学习方式，让学生经历学习、学会学习。

（三）课题研究催生了教研训一体化的办学队伍专业发展模式

1. 学校管理从事务型管理走向发展型管理

教育管理的目的是促进人的发展。它既可以让管理对象发展，也可以让管理者在管理的过程中得到专业化发展，从而满足管理促进人的内生发展的本质要求。通过课题研究，学校实行"方向性引领、过程性指导、条件性支撑、全程性评价"的发展型管理，通过学校办学思想、规划及校长的引领，让管理者主动作为，提供方法、时间、空间、物质等条件支撑管理实践；通过评价优化管理行为，让管理者在经历管理活动的全过程中不断提升自己管理的思想、能力，优化管理的路径、行为，运用"知其所止"的方法，达到

"止于至善"的目的。

2. 确立"教研训"一体化教师队伍培养模式

学校聚焦教育教学中的问题，形成研究主题，通过集体备课，构建每一册教材、每一个单元的目标体系、内容体系，选定课题，进行多人磨课和单人磨课，开展支架式教学改革，运用设计—行动—反思—再设计—再行动—再反思—成果汇报的行动研究模式，构建了聚合主题教研、行动研究的教研训一体化教师专业发展模式，生成了"主题教研""案例研究"等校本研训方式，唤醒教师的问题意识，让他们主动发展；邀请校内外专家开展协同研究，给予教师专业引领，让他们科学发展；把班级、课堂当成实验室，让专业发展成为教师工作生活的常态，造就了一支专业化的教师队伍。

3. 提升学生核心素养，为学生发展赋能

课题的研究带动了课堂的改革，课堂的改革赋予了学生更宽广的发展空间，为学生的潜能激发赋能。

（四）课题研究构建了至善课程评价体系

在至善课程评价体系中，教师、学生、家长参与各项评价，既实现了评价主体多元化，又体现了全面质量管理的全员性。从课程目标、内容、实施方式等方面进行效度和信度评价，确保了课程的一致性，也落实了质量管理的全面性；本着发展性评价的要求，从每一节到每一个单元的评价，不断发现和改进课程图谱的绘制，保证了全面质量管理的全程性要求。

1. 开展"至善之师"评价，引导教师潜心育人

学校"坚持问题导向"，针对教师综合评价不利于体现其各有所长、扬长补短、充分激发其工作积极性、促进其专业化发展的问题，学校改进结果评价、强化过程评价、探索增值评价、健全综合评价，完善立德树人落实机制，健全引导教师潜心育人的评价制度，在优化原有综合评价的基础上，每年开展"至善之师"评选，即设置"科研之师""引领之师""质量之师""创新之师""授课之师""备课之师""关爱之师"等十个单项评比，教师自主申报，递交材料，然后进行小组评审，每年教师节评选表彰30位"至善之师"。

2. 开展"至善之星"评价，促进学生全面发展

学校落实立德树人根本任务，遵循教育规律，系统推进教育评价改革，树立科学的教育发展观、人才成长观。"至善之星"评价，即以学生在校一日常规为内容，遵循全面、全员、全程的原则，设置梯度目标，通过争"基础星"，换"至善星"，获"至善果"（兑换物质奖励或评选"三好学生""好少年"等），引导学生在自我实现中全面发展。

3. 开展"四会家长"评价，陪伴孩子快乐成长

学校每学期从"会关心""会沟通""会榜样""会共建"四个方面，通过家长申报，学生评分，班级家委、教师评选，年级家委、校级家委、德育处评选，产生校级、年级、班级"四会家长"，并对他们进行表彰，把校级"四会家长"的先进事迹在校门口进行宣传推广，推动家庭教育和学校教育的融合发展。

4. 完善常规管理评价，形成班级管理模式

评价改革引发的教育质量的提升，促进了学校全面质量管理的构建，使评价面向全员、全面、全程。教导处开展每日常规优秀班评比活动，实施教师六项常规检查制度，通过每天抽查各班的教案、作业以及课堂常规，每周评比教学常规优秀班，每周召开全校教师例会进行教师经验分享，每月进行教学质量分析等措施，引导每位教师做最好的自己。德育处将学生的"至善之星"评比活动与班级养成教育、新型班级建设相结合，在文明班和卫生班的评选过程中，形成了由自我管理到班级管理再到年级管理的精细化管理网络，让每一个学生每天都能看见最美的自己。学校管理不断精细化、人性化，使学校的办学品质不断提升。

5. 单元评价，实现知识评价向素养评价的转型

学校通过单元目标导向、单元内容整合、教学评一体化，保证课程的一致性。课前预习是前置评价，主要对学生的学习起点进行分析；课中练习是即时评价、差异评价和形成性评价；课后练习是总结评价或后测评价。同时，单元评价的实施过程就是学生学业评价的形成性评价过程，也是单元课程图谱绘制、课程研发实施的过程。因此，我们要注重创设真实的课程情境，以学习任务驱动的形式，采用"教学评一体化"的评价模式，让学生在解决问题的学习情境中对学习成效进行自评、互评，用评价改进教师的教和学生的学，用评价改进课程图谱绘制的效度和信度，保证课程的一致性，用评价推动学生全程发展、全面发展。我们要善用资源，不断拓展延伸，让学生在课后拓展学习中进行综合应用能力、学科素养的评价；关注学生差异，设计分层作业，对学生进行差异评价。评价内容和项目从过去单纯的知识评价转化为全面考查、快乐实践，激发学生的学习兴趣，发挥评价的导向作用和激励作用，更重要的是通过教学评一体化保证课程的一致性，在具体情境中提升学生解决问题的能力，促进学生学科素养的发展。

6. 质量分析，有效地提高课程评价的信度和效度

基于统计数据的质量分析，能够有效地提高课程评价的信度和效度。

（五）课题研究形成了"至善文化"特色，提升了学校的办学品质

学校每年都获得花都区教学质量评比一等奖，自2020年以来，学校在各方面都获得了可喜成绩：

课题研究成果得到了推广，课题组制订了进一步的研究计划。

课题研究成果通过论文发表、现场会、送教送研等方式进行推广。学校的课程建设、主题教研模式在全区现场会上进行推广。

课题组主持人及成员，分别到区内、市内、省内、省外送教送训，发挥了课题研究成果的辐射示范和引领作用。课题组正在整理课题研究成果，拟以专业论著的形式发表和推广。

同时，基于至善教育理念的学校课程图谱的建构研究是一项长期的系统工程，我们将在本研究的基础上，进一步总结和深化研究成果，以国家2022年新课程标准颁发为契机，加强课程的建设和管理，使课程图谱的建构更科学，保障课程的良性运转和课程质量的不断提高，努力实现教育让每一个生命充分生长的"至善教育"价值目标。

"语墨书香"语文课程建设

一、背景分析

我校以素质教育为目标，树立"以学生发展为本"的教育思想，不断更新教学观念，让知识更贴近生活；规范教学常规管理，发展学生的"学"、改革教师的"教"，提高课堂教学的实效性；坚持稳中求进的工作总基调，以推进基础教育高质量发展为核心任务，持续提高学校"双减"工作水平；促进语文课程的建设与实施，提高学生的学习效能。

二、课程目标

（1）通过语文课程的建设与实施，进一步完善教育教学实施理念，梳理、细化课程目标体系，整合课程实施内容，探索、积累课程实施策略，建立学习助力机制，制订、实施学业评价方案，形成完善的课程体系。

（2）通过参与研究以及其他各种途径学习当前的教学新理论，努力汲取各种教育思想的精华，学习各种教学方法，借鉴各种教学模式，广收博录，从而达到教学相长的目的。

（3）通过课程的建设与实施，使学生听、说、读、写、识等方面的能力以及人文素养获得更大的发展。

三、课程实施内容

我校在语文课程标准的指引下，以单元整体开发建构为基本方法，梳理、整合课程目标，融通课内、课外语文内容，开展语文学业水平评价，促进学生的语文素养全面发展。

我校语文学科校本化实施的思路是以汉字为抓手，围绕汉字学习以点带面，通过教师引导、学生共读、创编剧目等学习形式，进行优秀课外读物的阅读，进而提升学生语文阅读和写作能力，并以汉字大赛活动为推手，营造学习汉字的浓厚氛围。语文教学要根植于课本，又不能囿于课本；要立足于课堂，又不能局限于课堂。教学中，教师应采用灵活的方式拓展教材，增强学生的情感体验。

根据语文课程的性质和基本理念，我们认为语文课程有以下几方面的作用：培育民族情感、传承经典文化、提高语言素养、发展思维能力、完善人格修养。

根据语文课程的作用，我们设置了以语文教材为主的基础课程及拓展课程，如图1所示。

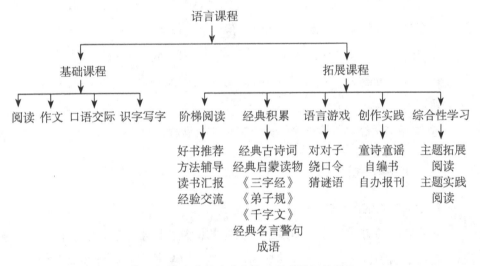

图1 以语文教材为主的基础课程及拓展课程

四、课程实施形式

（1）严格按照规定的课程计划，不得增加学科教学的学时，专课专用，保证阅读、书法课程的落实。

（2）落实学习小组建设。通过组建学习小组，促进全体学生的共同发展。

（3）开展作业设计研究。作业设计形式多样、有层次，注重知识的拓展、迁移。提倡布置活动性、实践性、分层的家庭作业，一、二年级不留书面家庭作业，其他年级的书面家庭作业要控制总量。

（4）多种活动促进学生发展。

① 以我校被评为传统文化实验校为契机，开设国学校本课程，举办传统文化诵读活动，鼓励全体师生共同参与，诵读国学经典，传承中华文化。利用午练时间抓好学生的书写，从坐姿、握笔姿势的细节入手，让学生写好字。

② 开展语文竞赛活动。为进一步推动教学工作、落实减负提质的教学主张、扎实开展教学教研活动，激发学生的学习兴趣，让学生享受学习的乐趣，同时培养学生勇于挑战自我及好学上进的精神，促进学生全面健康地发展，营造良好的学习风气，学校每月开展一次语文竞赛活动。

③ 开展书香校园系列活动。学校定期举办书香少年、书香班级等评选活动，对先进个人和班级进行表彰，通过活动指导并激励学生快乐读书、共享读书，以进一步激发学生读书的欲望，营造书香校园。

④ 开展"课前三分钟"活动。低年级以背诵古诗、讲成语故事为主，中高年级以读书分享为主，以促进学生表达能力的发展，使学生落落大方，乐于表达。

⑤ 构建国学经典诵读体系，完善特色文化课程建设。

五、课程评价标准

1. 学习方式的多样性

自主式学习方式：课堂是以学生为主的课堂，以学生的自主、自学、自悟、自练、自习为主，以教师辅导为辅。学生置身其中，在与教师交往、与同学交往的过程中做到学会合作、经验共享。

研讨式学习方式：学贵有疑，思维的变通与拓展就是发现问题、解决问题的过程，而解决问题的过程就是学习的过程。在课堂中，学生大胆提问、大胆质疑、交流研讨、大胆实践，不断提升自身解决问题的能力。

展示式学习方式：学生的一切思维成果都需要通过不同形式表现出来，所以，要给学生充分的展示机会和展示时间。

2. 作业评价

合理安排不同类型作业的比例，增强作业的可选性，关注学生校内外个人生活和社会发展中的热点问题，设计主题考察、跨媒介创意表达等多种类型的作业，培养学生自主学习和综合学习的能力，增强作业的综合性、探究性和开放性，为学生创造力的发挥提供空间。

3. 评价的多样性

注重终结性评价与过程性评价、综合评价与特色评价相结合，注重差异性和多样性，关注每一个学生，促进学生个性发展。注重自我评价与外部评价相结合，构建主体多元、统整优化、责任明晰、组织高效的外部评价工作体系。注重线上评价与线下评价相结合，确保评价真实全面、科学有效。通过阶段性评价考查班级整体学习情况和学生阶段性学习质量，并以此为依据不断回顾、反思，改进教学。

双 "hua" 数学课程建设

一、背景分析

"数学是人类的一种文化，它的内容、思想、方法和语言是现代文明的重要组成部分"。义务教育阶段的数学课程，其基本出发点是促进学生全面、持续、和谐地发展，在使学生获得对数学理解的同时，在思维能力、情感态度与价值观等方面得到进步和发展。语言是思维的外壳，是学生进行数学思维的物质载体，学好数学语言能够更好地帮助学生理解和掌握数学知识，发展逻辑思维。学生在数学课堂上经常出现的"无序表达"现象，是学生因缺乏质疑和批评性思维、解决问题能力不强、读题能力差而不能准确地抽象出数学问题的表现。最近一学期，数学组教师在钟校长的带领下，积极学习教育教学理论，以斯托利亚尔的《小学数学语言艺术》，吴正宪、张丹老师的《儿童数学教育丛书：让儿童在涂画中学数学》，特级教师刘善娜的《把数学画出来——小学画数学教学实践手册》等著作为依托，以课堂教学和校本教研为主阵地，聚焦学生的数学思维发展，努力构建具有灵活性、创造性、趣味性的课堂，培养具有独立思考、自主探究能力的学生。通过学习和研究，我们确立了以"画数学""话数学"为主题的数学特色课程，助力学生思维发展，让数学学习真实发生，让思维自然流淌。

二、课程目标

学校通过校本课程——双"hua"数学的实施，旨在努力实现以下课程目标：一是创建数学人文环境。通过构建不受时间和空间限制的丰富的"趣数"课程，创建寓教于乐的数学文化氛围，使学生感受多元文化与数学知识的内在联系，并积极探索、发现其中蕴含的数学知识，感受数学的魅力。二是丰富学校数学活动。通过开展"趣味数学"文化节，让学生"画数学""话数学"，感受数学的美和乐趣。三是落实学科核心素养。通过双"hua"数学活动，增强学生的数学文化底蕴，培养学生的问题解决能力和科学精神，落实学科核心素养。

三、课程实施内容

双"hua"数学的含义分为两个方面：一方面指的是"画"——学生用直观之"形"表达抽象之"数"或运用精确之"数"解释丰富之"形"，即把数学思维画出来。这里教师主要设计的是探究性作业。另一方面指的是"话"——在师生、生生、生与教材的"对话"中把数学表达出来。通过对话直面学生的问题，将学生思维引向深入。教师要对问题生成做理智的分析与筛选，让学生成为学习的成功者。

四、课程实施形式

1."画数学"

学校以数学课本为依托，结合单元知识，以数学游戏活动为载体，以发展学生数学思维为目的，特开设了"画数学"课程。教师通过"画数学"搭建数学学习的脚手架，唤醒学生已有的相关知识与经验，并让这些相关知识和经验在学生的头脑中凸显出来，使学生认识到这些知识和经验与即将学习的知识之间的联系，从而为学习做好准备。同时，通过画图的方式呈现学生对概念及问题的理解，促进其数学思维的外显与表达。

（1）画出对概念的理解。学生通过画的方式来表达自己对概念的理解以及数学知识之间的本质联系，使隐性的知识显性化、可视化。

（2）画出解决问题的路径图。学生把在解决数学问题的过程中隐藏在大脑中的步骤画出来，长期坚持，不但能理清条件和问题之间的逻辑关系，还能更加直观地审视自己的思路，预防错误。

（3）画出知识结构及关系（思维导图）。画思维导图，是一种将思维形象化的方法。思维导图又称思维地图，是一种利用图形思考的辅助工具，比较适合单元知识的整理复习。学生利用思维导图对知识进行网格化的梳理，从而形成对单元的整体性认知，进一步建立起知识间的联系。

学生有独特的观察视角，有独特表达的方式，有自己的笔触，有自己的色彩，有自己的光亮。让学生动手"画数学"，就是耐心地让学习真实发生，让思维自然流淌。所以，"画"恰是符合孩子天性的学习方式之一，教师要积累活动经验，逐步引导学生的思维走向"数学化"。

2."话数学"

教师巧用课前三分钟，开展"话数学"活动。学生以数学语言为载体，有效地"说出"数学，提升数学思维能力。在数学教学中，引导学生学会"说"是促进学生思维发展的第一步。数学组教师设计了让学生在数数中说、在巧编故事中说、在表演中说、在解决问题中说、从不同角度说、按顺序说等形式，以语言训练为主线，以思维训练为主体，让不同的学生都有话说，从而让学生喜欢上数学，提高其数学语言表达能力和思维能力，提升其数学综合素养。

数学语言有四大特点：简练、严密、精确、理想化。数学教师的语言是学生的榜样，因此教师在数学课堂教学中要注重数学语言的规范性，保持语言的纯洁性、准确性、激励性、启发性。这样学生在数学教师的耐心引导、积极鼓励下才会逐渐变得敢说、想说、会说，从而拓宽学习思路，达到举一反三的目的。

五、课程评价标准

评价的主要目的是全面了解学生数学学习的过程和结果，并激励学生学习和改进教师教学。评价的重点并不在于关注学生某一阶段的学习结果，而在于关注学生在学习过程中的发展和变化。因此，我校采用多样化的评价方式，合理利用评价结果，发挥评价的激励作用，保护学生的自尊心和自信心，通过评价所得到的信息，了解学生达到的水平和存在的问题，帮助教师进行总结与反思，调整和改善教学内容和教学过程。

1. 对教师的评价

对教师的评价包括教学准备、教学方式、教学态度等方面的评价，以教师自我评价为主，重视学生、家长对教师的评价以及教师互评，同时把定性评价与定量评价结合起来。

2. 对学生的评价

对学生的评价包括对学生在学习过程中知识与技能、情感态度、价值观、学习方法等方面的评价，侧重对学生情感态度方面的评价，即学习的主动性、思考的积极性、表达与交流、与他人合作的情况及自我调控等；同时从精神状态、学习效果等方面对学生学习的整体情况做出评价，并指出亮点、提出改进建议。

"我行我show"英语课程建设

一、背景分析

我校英语校本课程是以英语知识为载体，以激发学生学习兴趣、培养学生特长为目的，以学生为活动主体，使学生热爱英语学科并形成良好的英语学科素养的课程。我们关注学生的个体差异和不同的学习需求，保护学生的好奇心、求知欲，充分激发学生的主动意识和进取精神，倡导自主、合作探究的学习方式。

二、课程目标

（1）激发学生学习英语的兴趣，培养学生良好的语音、语调、语感。

（2）通过听、说、读、写、唱、演等多种形式的学习活动，培养学生的综合语言运用能力，提高其英语综合素质。

（3）加强学习策略的培养，提高学生自主学习的能力。

（4）关注学生个体的差异性，开发多层次、多类型、多规格的校本课程，使每一个学生都能得到充分而全面的发展。

三、课程实施内容

我校充分利用现有的教师资源，对英语这门学科进行了国家课程的校本化实施。我校实施的英语校本课程强调从学生的学习兴趣、生活经验和认知水平出发，倡导体验、实践、参与、合作与交流的学习方式，通过任务型的教学途径，发展学生的综合语言运用能力，使语言学习的过程成为学生主动思考、大胆实践的过程。课程主要内容来源于对西方国家的经典语音教学教材与原版儿童绘本故事进行的整合与创编。课程实施形式如下：

（1）整合单词与句型。对同一话题的单词和句型进行扩充，丰富教材内容，让学生对相关话题有更充分、更深刻的认识。

（2）开展"课前3分钟"活动。英语朗诵不仅能使学生掌握正确的语音、语调，对于促进学生后续的英语学习也很有帮助。

（3）学唱英语歌曲、观看英语原版影片并尝试配音。在英语歌曲、英语儿歌以及英语原版片的熏陶下，激发学生英语学习的兴趣，让学生在耳濡目染中习得英语，增加英语输入量，提升英语听、说、读、写能力。

（4）语音练习。通过歌曲、诗歌、歌谣等多种形式，让学生通过语音的学习，达到"见词能读"的目标，增强学生的学习成就感。

（5）阅读绘本故事。英文绘本作为小学英语课堂教学的极佳载体，以其特有的精妙绝伦的语言文字和色彩明快的画面，为学生营造了一个个梦幻奇妙的世界，激发了学生的阅读兴趣，丰富了学生的语言内涵，为单调的语言训练带来了鲜活的生机，为小学英语课堂教学开辟了一个更为广阔的空间。

（6）鼓励学生参与学科竞赛活动。例如，通过中低年级的会话表演、高年级的课本剧，鼓励学生自由组合、创造性地表演，在竞赛中获得学习的快乐和成就感，以激发他们学习的兴趣和主动性。

四、课程评价

校本课程中对学生的评价主要采取学分制。学分的给定应考虑三方面的因素：

（1）学生学习该课程的学时总量，对不同的学时赋予不同的分数。

（2）学生在学习过程中的表现，如态度、积极性、参与状况等，由任课教师综合考核后给出一定的分值。

（3）学生学习的客观效果。

在以上三方面的因素中要以考核学生参与学习的学时量为主、以过程与结果为辅，但最终学分的给定要把三方面因素综合起来考虑。

"艺美花开" 音乐美善校本课程建设

一、背景分析

新课标要求音乐学科关注学生素养的培养和提高，而不是单纯的知识点的学习，注重促进学生终身发展，培养学生适应社会所需要的关键能力和必备品格。这就要求音乐学习不能局限于课堂，而是让学生参与更多实践性、体验性、创造性的课程。音乐美善校本课程是我校在开好国家课程之外，自主开发的一系列课程，以社团的形式展开教学，由学生自主参加，以学生活动为主，与国家课程一起构成了学校课程体系。音乐美善校本课程的评价方式更突出学生的自主性、专业性和灵活性，在让学生熟悉乐谱、熟练地演奏乐器以外，还组建了艺术团，让学生参加音乐类演出，增强了学生学习与生活的关联，重视向以真实任务与问题为驱动的评价方式的转变。

二、音乐美善校本课程的实施目标

（1）培养学生的兴趣爱好，促进学生的个性发展，激发学生学习音乐的兴趣，挖掘学生的艺术潜能。

（2）提高学生的艺术修养、表现能力及审美能力，陶冶他们的情操，增进他们的身心健康。

（3）在音乐特长教学中，促进音乐基本知识、基本技能的融合，拓展学生的知识领域，培养他们的创新精神和实践能力。

（4）培养和提高学生的团队合作意识。

（5）为专业型教师向专家型教师发展提供新平台。

三、音乐美善校本课程的内容

"艺美花开"音乐美善校本课程，充分发挥我校音乐专业教师的特长，与校外机构合作开展了一系列音乐类校本课程，包括民乐、阮乐、管乐、合唱、中国舞、街舞、芭蕾舞、拉丁舞、语言艺术、陶笛、直笛等，让学生在完成国家课程之外，还能参加可以发挥自身特长的自己喜爱的音乐社团，不仅展现了个人才艺还发展了音乐核心素养。

四、音乐美善校本课程的实施形式

音乐美善校本课程主要以社团的形式展开，每周上课时间为四点半至六点半的课后托管时间，为学生提供了多种专业的课程选择。学生在校本课程中，根据自己的兴趣爱好，扬长避短，选择能充分发展自己个性的课程，如民乐团设置了竹笛、二胡、中阮、琵琶、大提琴、打击乐六个民乐专业课程，共有100多名学生选择学习。合唱团由三、四、五年级的学生报名参加，学生先学习发声方法和气息支持，然后按个人嗓音条件分成三个声部，在学习作品之前通过小而弱的音量来训练，掌握半声、轻声、抑制声的唱法，学会随时调整力度，做到强而不躁、弱而不虚，最后引入合唱作品进行合排。

由于音乐社团的特殊性，某些作品需要学生先独立完成，然后才能进行合排，因此学习活动方式分为个人相对独立的学习、小组合作学习、集体协作学习。

1. 个人相对独立的学习

个人相对独立的学习，是指学生自主选择不同的乐器，每种乐器都由不同的教师实施个性化的专业教学，学生需要进行有针对性的个人练习，然后完成某一音乐曲或总谱中的某一个声部。这个学习过程由学生独立完成，以锻炼他们的自主学习能力。

2. 小组合作学习

小组合作学习，是指将学生分为若干小组，学生在小组练习中学会统一音色，取长补短。例如，阮乐团小组合作中启动"小老师"帮扶，让学生在小组合作学习中学会了互相帮助，也减少了他们学习时的畏难心理，培养出了一批优秀的"小老师"，让他们在专业学习上迅速成长。

3. 集体协作学习

我校的音乐社团成员少到二十几人，多到上百人，所以集体协作精神非常重要。教师作为社团的引导者，要能充分唤起学生的集体意识，为每个学生创造主动参与学习的条件，同时培养学生主动学习和交往合作的能力。例如，在合唱社团的抗干扰训练中，由一个人发出LU音，同声部的同学模仿融入，不能改变音色和音质，另一声部在这一基础上再进行融入，在这个过程中，任何一个学生的不专注都可能让声音变形。此练习也成为合唱社团中学生喜爱的练习之一，它能有效培养学生的合作共处意识，促进学生音乐素质可持续发展。

五、音乐美善校本课程的评价标准

音乐美善校本课程评价要突出对学生综合素养的考查，发挥美育的特殊育人功能，让学生在课程学习的过程中培养审美感知、获得审美体验，加深对音乐相关文化的理解。评价的方式要以学生发展为中心，既要有过程评价也要有结果评价，还要在团队的演出活动中进行发展性评价。

学生评价标准：能在社团中发挥自身特长，能个人单独准确地演奏或演唱音乐作品；态度积极认真，善于表达与交流，参与程度高，学习兴趣浓厚，主动参加合作分享。例如，民乐团要求学生能个人单独演奏一首乐曲，演奏熟练，乐于表现；合唱团要求学生能准确演唱个人声部，同时在合排时能与人合作，共同完成和声的演唱。

教师评价标准：能认真落实课程目标，重视学生的学习过程，尊重学生；认真设计教案和评价册，在音乐活动中重视对学生学习能力的培养；课后总结反思，撰写教学案例或论文。

"艺美花开"美术课程建设

一、背景分析

新课程改革下的美术教学受到越来越多人的关注，美术教育作为素质教育的重要内容，在新课程建设与改革中占有重要的地位。小学美术教学的改革与创新也是美术教学中的重点研究内容。课程改革力求体现素质教育的要求，增强学生学习活动的综合性和探索性，注重美术课程与学生生活经验的紧密关联，使学生在积极的情感体验中提高想象力和创造力，最终形成基本的美术素养。随着国家新课程改革的实施，各种特色课程进入校园，越来越多的学校开始进行中国传统文化艺术的学习与探索、传承与发展。在美术教学实践中，我们也一直积极探索适合本校实际的特色课程。我们注重激发学生对美术学习的兴趣，在教学中挖掘中华优秀传统文化，培养学生对优秀传统文化的热爱之情。因此，我们在抓好常规教学的同时，开展了"艺美花开"美术课程建设，结合课程需要开设了超轻黏土泥塑社团和蛋雕社团。

二、课程目标

（1）通过本课程的研究，让学生认识超轻黏土和蛋雕的特性，学习超轻黏土和蛋雕制作的基本手法，形成创作思维，加深学生对超轻黏土和蛋雕艺术的了解，营造学校的美术文化氛围。

（2）结合学生喜爱的动画等，激发学生的学习兴趣。通过超轻黏土和蛋雕制作实践加深学生对长短、大小、宽窄、深度等概念的认识，从而提高学生对事物的观察力、空间想象力、形象创造力。

（3）把超轻黏土和蛋雕创意运用到生活中，让学生从文化角度观察和理解美术作品，借鉴、学习他人的优秀作品，再通过创作把自己的情感融入作品，使自身情感得到升华。

（4）使学生有一项喜爱的艺术，并在这项艺术中实现全面、持续的发展，让他们在艺术创作中体现自我价值，实现美术素养的提升。

（5）在课程建设中，教师能摸索出一套行之有效的教学方法，不断提高自身的专业水平，拓宽自身的知识面，提升自身的艺术审美趣味和专业水平。

三、课程实施内容

（1）调查研究泥塑、蛋雕学情及学习现状，了解学生对超轻黏土和蛋雕的学习兴趣，让学生掌握超轻黏土和蛋雕制作的基本知识与技能。在校园创设超轻黏土和蛋雕社团，让有这方面爱好的学生通过相关艺术作品的制作、展示活动，提升自身的审美能力和创造能力。

（2）把超轻黏土和蛋雕创意运用到生活中，用超轻黏土和蛋雕装点生活，增强学生的成就感。

（3）指导学生制作超轻黏土和蛋雕作品，鼓励学生自主完成一个作品，加深学生对超轻黏土和蛋雕的认识，让学生通过超轻黏土和蛋雕的制作，表达自己对相关事物的情感态度，并将其升华为自我文化修养。

（4）教师学习、掌握校本研究的一般方法，开发超轻黏土和蛋雕校本课程，并创立超轻黏土和蛋雕社团，通过社团教学实践探索超轻黏土和蛋雕教学模式，优化教育教学方法。

四、课程实施形式

本课程以选修课为主，考虑到手工制作需要的时间较长，美术社团选修课每周开设两节，由专任教师负责，学生可以根据自己的兴趣爱好自由选择，教师选拔确定社团成员。所有参与的学生在规定的时间内到达指定场室上课，指导教师根据计划有步骤地开展社团工作，并做好考勤工作。针对每一个阶段的教学情况和出现的问题，科组教师积极研讨，寻求解决问题的方法并及时做好总结工作。该校本课程的开发从学生的实际情况出发，注重系统性、趣味性、艺术性与人文性的结合，让学生通过系统课程的学习体验美术的乐趣，在创作中提高对事物的观察力、空间想象力、形象创造力，表达自己对相关事物的情感态度，并将其升华为自我文化修养。因此，教学内容的确定要经过反复推敲，教师通过相关书籍和网络收集大量的资料，精心挑选相关内容丰富我们的教材，并在教学中反复验证、修改。学生学习主要采用研究性学习的活动形式，如个人相对独立的研究、小组合作研究、个人研究与集体讨论相结合等。

五、课程评价标准

本课程通过有效的评价，提高学生对美术的学习兴趣，促进学生的个性发展，完成美术课程的教学目标：①陶冶学生的情操，提高学生的审美能力；②引导学生参与文化的传承和交流；③发展学生的感知能力和形象思维能力；④帮助学生培养创新精神和技术意识；⑤促进学生的个性形成和全面发展，同时通过评价促进教师的专业成长，使他们能够及时发现教学中的问题并加以解决。

（一）对学生的评价

1. 采用表现性评价方式，关注学习过程，以促进学生的发展

表现性评价主要是对学生在知识、技能、情感、态度、价值观、学习方法等方面取得的成绩做出评价，以促进学生的发展。

2. 采用等级制，设A、B、C、D四个等级

对学生的评价主要是"三看"：一看学生学习该课程的学时总量，做好考勤记录；二看学生在学习过程中的表现，如态度、积极性、参与状况等，用A、B、C、D等形式记录在案；三看学生的学习成果，学习成果可通过实践操作、作品鉴定、竞赛、评比、汇报等形式展示。

3. 评价形式多种多样

评价形式主要包括：教师的评价与学生的自评、互评相结合，小组评价与组内个人评价相结合，书面材料评价与学生口头报告、学习表现及平时的评价相结合，定性评价与非定性评价相结合。

（二）对教师的评价

教育教学质量最能反映教师完成教学任务的情况。教师要根据教学任务的全面完成程度和优劣状况进行自我评价，包括两个方面的内容：一是学生完成学业的质量，二是教师完成教学任务的质量。同时，要重视学生、家长对教师的评价以及教师互评，把定性评价与定量评价结合起来。

创客教育课程建设

一、背景

创客，就像一粒粒神奇的种子，被播撒在时代的土壤中，为时代的变革培育创新力量。圆玄小学创客教育旨在促进学生"从Learner到Maker""从知识的接受者到生产者"，成为有创新思维和创新能力的人，具备现代化的视野和面对未来的能力。

二、课程实施目标

（1）让每一个学生都能参与学科融合性的、实践性的、创造性的学习活动。

（2）以"制造"为切入点，以"创造"为目标，帮助学生打好基础、练好基本功，让更多的学生参与进来，激发学生的学习兴趣。

（3）让学生运用"跨界思维"，以跨行业、无边界的思维来思考问题；运用"碎片化思维"把学习分解到非正式场合。

三、课程实施内容

学校创客教育以科技社团为主阵地、以课后素质拓展为补充，针对不同年级学生的认知发展水平进行课程内容的设置，具体如下：

低年段学生的创客教育：结构拼装、场景设计、动力机械、生活科学。例如，乐高能够拼搭出很多不同的作品，它又分为教育型乐高积木和玩具型乐高，其中教育型乐高积木侧重机械结构和物理知识等STEAM（Science,Technology, Engineering, Arts,Mathematics）方面的知识，而玩乐型乐高侧重玩耍。创客教育在教学过程中贯彻"4C"教育理念：联系、建构、反思、创造。

初级创客从学习基本组件和建构技能开始，到模仿和简单创造，再到主题创造和自由创造，主要培养学生的动手能力、独立解决问题的能力以及把自己的想法和创意变成现实的创客思维能力。

中年段学生的创客教育：机械设计、机械原理、机械编程、电子硬件。通过前一阶段的入门学习，中年段的学生可以设计拼装结构组件，应用马达、不同功能的传感器和编程主板等电动控制部件，创造出各种不同的机械结构和自动化装置，如蝙蝠机器人等。该阶段的创客教育使学生通过学习了解机械原理、编程逻辑、硬件结构、功能与应用等方面的基本知识，结合科技应用原理，深度培养学生的创造能力、创新思维以及动手能力。

高年段学生的创客教育：采用国内自主开发的源码编辑器平台，让学生学习可视化编程语言，学习动作、外观、声音、画笔、事件、控制、侦测、数字和逻辑运算、Ardunio模块等方面的知识，通过缜密的编程逻辑和工程思想让学生学会思考，通过编程创造交互式故事情节、动画、游戏、音乐短片等作品，通过网络上传功能将自己的创意与全世界一起分享。

四、课程实施形式

1. 组建校内创客教育教研组

为了将创客教育落到实处，学校组织部分微机教师、科学教师组建创客组织，主要开展相关创客教育在校园内的普及推广工作。

2. 建设学校创客空间

学校创客空间要做到"二有"：有一个固定的场所供学生"造物"，而且在课余时间学生能够进入这个场所；有一位教师陪伴学生，与学生交流。

3. 启动创客教育教师培训课程

学校依托校外力量开展一系列教师培训课程，让教师"走出去"，开阔视野、打开思路、拓展思维，进行思考和积淀，为下一步工作充电蓄力。

4. 开展未来创客快乐体验活动

为增强学生对科学创新的兴趣，培养其对未知领域的探索精神，学校每年5月开展"科技周"活动，让学生在快乐体验中爱上创造，激发兴趣，迸发潜能。

5. 举办校园"创客节"

学校在每年科技周的基础上举办校园"创客节"，在校园内组织"创客集市"，展示学校师生创造发明的作品，重点展示3D打印、创意机器人、电子小发明、手工创意等创新产品，评选"圆玄创客小达人"，让学生有展示和交流的舞台，并及时肯定学生的学习成果，对优秀者进行表彰。

6. 开发校本化材料

学校在国家课程的基础上对信息技术课和科学课进行国家课程校本化，开发出一系列适合我校学生的校本化学习材料，作为国家课程的补充，为培养优秀的"小创客"提供支持。

五、课程评价的标准

评价的主要目的是全面了解学生创客学习的过程和结果，激励学生学习和改进教师教学。因此，我校采用多样化的评价方式，合理利用评价结果，发挥评价的激励作用，保护学生的自尊心和自信心；通过评价所得到的信息，了解学生达到的水平和存在的问题，帮助教师进行总结与反思，调整和改善教学内容和教学过程。

1. 对教师的评价

对教师的评价包括教学准备、教学方式、教学态度等方面的评价，以教师自我评价为主，重视学生、家长对教师的评价和教师互评，同时把定性评价与定量评价结合起来。

2. 对学生的评价

（1）将结果性评价转变为过程性评价。

以往很多教育评价更多地重视结果性评价，即考试的分数、竞赛的结果等。在创客教育中，我们可以很好地改变这样的评价方式，不以成败论英雄，更加注重过程性评价。例如，评价学生在作品的制作中是否进行了有效的探究与合作、是否合理运用了相应的科技知识等，从而弱化对最终作品本身的评价。可能有的学生团队并没有创作出很好的作品，但是在制作过程却有很好的合作、很好的方案设计等，这些都可以作为评价的加分项。

通过改变评价方式，可以引导学生不再那么在意最终结果，而将更多的注意力转移到制作作品的过程上，注重在制作过程中进行知识的学习、能力的提升。

（2）将对个体的评价转变为对团队的评价。

创客教育的一个重要目的就是让学生学会团队合作，即在团队中学会听取意见、表达意见、接纳意见，最终达成共识。这对学生的终身发展是有极大好处的。当他们走入社会、走向工作岗位的时候，团队的力量就显得更加重要了。因此，我们需要在创客活动中培养学生的团队合作意识。例如，在一个团队中可以设置组长、硬件负责人、程序负责人、宣传负责人等不同角色。在一个创客项目载体中，各个角色要不断进行沟通、讨论，从而完成一个最优作品。在最终的评价环节，要注意对整个团队进行评价，如是否进行了有效合作、如是否营造了和谐氛围、是否发挥了每个人的长处。

（3）将对基本知识的评价转变为对核心素养的评价。

在创客教育中，我们注重的是对学生各种能力以及核心素养的培养和提升，强调的是灵活运用知识，而不是死记硬背知识。在创客教育中，我们要关注，通过参与创客活动，学生的哪方面核心素养得到了提高，哪些创客教育内容可以培养和提升学生的核心素养。

智慧体育——定向越野课程建设

一、背景分析

根据国务院办公厅印发的《体育强国建设纲要》的相关实施意见，要加强对青少年体育技能的培训，让青少年至少掌握两项及以上的运动技能，并且要不断丰富青少年的体育赛事活动，促进青少年体育俱乐部、青少年户外体育活动营地等的发展，实施青少年体育拔尖人才建设工程，推动学校特色运动队、俱乐部运动队、大中小学运动队及俱乐部的建设，进一步发挥体校和社会俱乐部培养竞技体育后备人才的优势。

随着现代课程改革的不断推进，学生需要学习的知识越来越多，其学习压力也越来越大，而学生的身体素质却逐渐降低。在素质教育不断推进过程中，语文、英语、数学等其他科目的教学都取得了较为明显的成就，而体育教学却一直无法突破以往的教学桎梏，打破以技术为主的教学模式，导致学生对体育的兴趣越来越小，最后产生厌学心理。因此，在现代教学活动中，为了促进学生的身心健康成长，从小学阶段开始培养学生的运动习惯是现代小学教师努力的方向。而新兴运动项目——定向越野，可以有效提高学生的身体素质，培养学生的运动能力。定向越野不单单是耐力竞跑的运动，更像是一场寻宝游戏，它要求参与者在快速奔跑的同时开动脑筋，判断目标点的方位并选择最佳路线。无论是在城市，还是在野外，参与者只能靠手上的一份地图和一个指北针，向指定的目标前进。这既能让参与者达到锻炼身体的目的，又能培养其看图识路、独立分析和解决问题的能力。促进学生的个性发展，引导学生的多元发展，建设具有运动气息的校园，可以有效地发展学生的思维能力，提高学生的创造力和想象力，从而提高学生的综合能力。

通过在小学校园中开展定向越野课程建设的研究，我们发现开展小学定向越野课程存在器材、场地、师资、选材、竞赛等方面的问题。本课程旨在突破以上难点并提出解决方案、分享经验，为相关学校开展校园定向越野训练提供理论支撑。为此，小学教育工作者要积极构建定向越野的活动体系，探寻和研究定向越野的社团教学模式、训练模式，以此促进学生的身心健康成长。

二、研究的主要问题与过程

在定向越野运动零起点的学校开展定向越野项目的过程中存在的主要问题是如何开展定向越野课程。本研究着重从师资、场地、选材等方面解决这个问题。

（一）研究的过程

第一阶段：根据现有框架，制订定向越野的课程计划，包括教师专业水平的提升方案、课程员的选拔方案、课程方案、教师与学生的参赛方案、后勤保障方案。

第二阶段：根据相关方案落实课程建设，并以学年为节点，进行测评总结，不断调整，更改下一年度的计划。

第三阶段：认真做好各类资料的收集、整理和情况记录，归纳、提炼、总结课程开展过程，使之形成经验理论，对训练实践进行理论提升，形成论文、课题、研究报告等成果。

（二）研究的主要内容

在珠三角地区，尤其是广州、深圳等一线城市，各区级的教育行政部门每年都会举办一次区级校园定向越野比赛。以花都区为例，正常情况下参加比赛的学校一般是临时组队，挑选若干身体素质好，尤其是耐力素质较好的、思维灵活的学生，进行一到两周的集中训练，并由他们参加比赛，比赛结束之后则不再进行训练。由于学校存在师资、场地、器材等方面资源不足的问题，没能长期开展定向越野的练习。比赛之后，学生备感失落，面对陌生的项目，教师也深感无力。因此，笔者开始探索在定向越野零基础的学校开展定向越野项目的路径。此后，圆玄小学定向越野队在2015年获得花都区中小学生校园定向越野比赛团体第一名，2016年、2017年、2019年获得花都区中小学生校园定向越野比赛团体第二名，2017年、2018年、2019年、2020年获得广州市中小学生校园定向越野比赛团体第四名，2021年获得广州市中小学生校园定向越野比赛团体第三名，2021年获得广东省中小学生春季定向越野锦标赛小学团体两项一等奖，2021年获得广东省中小学生秋季定向越野锦标赛小学团体三项一等奖、一项二等奖。在此期间获奖学生超过100人次，2021年圆玄小学被评为广州市定向越野传统项目学校。

经过五年的建设，圆玄小学定向越野队从无到有，从有到强，解决了限制定向越野发展的若干难题，学生参与定向越野练习的兴趣高涨。

（三）师资条件

要打造一支优秀的运动队，就需要有主导其发展的核心人物，在开展定向越野训练的过程中，核心人物是体育教师，而绝大多数学校都没有定向越野的专业教师。学校在培养定向越野教师时一般经历三个阶段。第一个阶段：理论学习。体育教师通常没有定向越野方面的专业基础，通过参加上级教育行政部门组织的相关培训，初步了解定向越野的基本技术、理论知识；通过翻阅相关文献，请教专家学者，建立起关于定向越野的知识脉络，构建课程框架，制订定向越野队相关活动计划，成为开展校园定向越野的初步引领者。第二阶段：实践反馈。在参与定向越野比赛的过程中，参赛者读图、选择路线、判断标识物等行为需要在极短的时间内完成，而小学阶段的学生并没有很好的系统性总结能力，不能完全反馈训练中存在的问题。因此，教师需要了解学生可能会出现的问题，包括技术上的以及心理上的；要亲自参与定向越野比赛，在比赛中体验难点，通过与学生沟通交流，找到解决问题的办法，以此丰富训练的手段和方法。而在户外运动广泛流行的当下，各种无门槛定向比赛是体育教师深入了解此项目的重要途径。此外，教师也可以通过参加比赛，与各地区的同行深入交流和研讨，提升自己的业务水平。第三阶段：经验提升。教师要在理论指导与实践的基础上，做好训练过程性资料的收集、整理工作，以定向越野训练为基础，开展相关课题研究，提升自身的专业化水平。

（四）场地

校园定向越野对场地的要求相对简单，一块操场、田径场、校园一角、整个校园都可以作为开展定向越野的场地。例如，在操场可以开展"九宫格"训练，横线和竖线的交会体现了定向越野的基础原则，横向参考物和纵向参考物有唯一一个交会点。此训练无须专业制图软件、器材，在无遮挡的情况下，场地和简易地图一览无余，学生通过图纸、标识物，摆正地图，锻炼自身持图转身、掌握变换方位以及快速反应的能力，培养方向感，明确连接线与身体前进方向的一致性。在田径场或校园一角可以开展百米定向，通过百米项目练习，提升学生辨识图标、辨别方向和跑步的能力。还可以将整个校园作为场地进行训练，训练的图例数量大大增加，训练的路线更加复杂化，训练的难度更高，能促进学生耐力素质、识图认路能力的提高。学校内的每一个角落都可以开发成练习的场地。也可以与兄弟学校进行交流，让学生在不同的学校进行定向越野练习，通过这种变换练习场所的形式，既可以缓解学校体育场地设施不足、地图单一、环境单一等问题，又可以提高学生练习的积极性。

（五）选材

对于以往的体育运动社团的训练来说，其主要选材标准为学生的身体素质，而对于定向越野这样的新颖运动来说，其人员的选拔要更为全面和严格，不能仅仅以身体素质作为标准，还要知道，在开展定向越野这项体育运动的时候，如果参与者全都是运动技能好的学生，在需要运用智力的时候，可能会遇到困难。为此，定向越野可以对身体健康的学生全面开放。校园定向越野对于学生来说是一个集身体锻炼和思维发展于一体的运动，积极鼓励学生参与，提高其身体素质，发展其思维能力和独立解决问题的能力，才是在校园内开展该项目的本质要求。学校应通过课程的建设，扩大参与定向越野练习的学生的基数，在此基础上进行精英运动员的选拔，让其代表学校参加比赛，努力争取名次，以此提高学校的知名度。

（六）课程文化建设

在定向越野队建设的过程中，通过让申报者与第一批参与定向越野训练的学生一同学习定向越野的基本技术，建立学校第一期校队训练的基本流程，形成训练模式。这样的建队模式可以在零基础或基础薄弱的学校中开展。在建队的基础上，建立"手拉手"结对学习模式，即通过一学期的练习，学生不仅会对定向越野的规则有比较深刻的认识，而且熟练掌握了定向越野训练的技能以及训练模式，这时可以吸纳一批新队员，组织老队员和新队员以"大手牵小手"的方式结对训练。随着时间的推移，训练人数可以成倍数扩展，教师是主导，把握队伍的整体训练形式，每一个"大手"都是一个"小老师"，在教授新队员的过程中拓展自己运用定向技术的方法，从而使自己对定向技术有更深层次的认识。通过结对模式，老队员在教学相长的过程中不断提升自身水平，以身作则，带好新队员；新队员则不需要教师逐一追踪就能得到有效指点，同时以跟跑的形式获得高水平的运动体验。老队员发挥传、帮、带的作用，队员们互相促进、共同进步的训练模式，充分发挥了学生的主观能动性，提高了学生合作学习、探究学习的能力。

三、效果与反思

（一）开展的效果

（1）促进了我校定向越野队伍的建设。定向越野训练是身体和思维共同参与的练习，是以"寻宝"的形式展现的，训练内容生动有趣，能够调动学生参与锻炼的积极性，提高学生的练习效果。

（2）有利于促进学生身心健康发展。定向越野训练不但能全方位培养学生良好的心理素质，还能更好地促进学生身体协调能力的发展，增强学生的身体素质。

（3）提升了教师的专业素质。小学校园定向越野课程的研究对我校体育教师理论水平和实践能力的提升有很大的帮助，促进了我校体育教师的专业成长。

（4）邓明松老师主持的课题《开设定向运动校本课程应用研究》在广东教育学会完成结题，课题成果《对小学校园开展定向校本课程的研究》在期刊《科学咨询》2020年2月总676期发表。

（5）邓明松老师撰写的《小学定向越野社团教学模式的实践与研究》在期刊《文理导航·教育研究与实践》2020年第9期发表。

（6）提高了学生的身体素质。在2014年至2020年学生体质健康测试中，全校优良率分别为16.2%、18.37%、19.45%、27.51%、40.84%、57.74%、58.4%，呈逐年上升趋势。

（二）研究成果的反思

（1）需要进一步优化小学校园定向越野课程队伍的组建模式，开发训练手段，探索定向越野队伍文化建设，营造校园文化，提升育人效果。

（2）继续深入开展与本课题相关的理论研究，进一步完善和丰富相关理论体系，为进一步研究定向越野训练打好基础。

（3）切实利用好研究成果，定期开展定向越野训练的经验交流、展示活动，将实践与理论充分结合起来；及时总结成功经验，发挥课题研究的示范和辐射作用，引领参与研究的教师乃至同行体育教师在定向越野项目训练中共同发展。

《我做了一项小实验》主题教研材料

一、圆玄小学三年级习作主题教研小结

本学期初，各年级以抽签的形式确定了本年级的教研主题，有的是略读课文的教学，有的是口语交际，我们团队抽中的是习作教学。刚开始，我们觉得很有压力，因为对三年级的学生进行习作指导并将指导的成果完整地呈现出来是很有挑战性的。

（一）研读课标，确定教学目标

我们从课标入手，认真研读。新课标中将口语交际与习作归为"表达与交流"，强化了习作的交流功能。课标对中年段的习作教学提出了以下三点要求：

（1）观察周围世界，能不拘形式地写下自己的见闻、感受和想象，把自己觉得新奇有趣或印象最深、最受感动的内容写清楚；尝试在习作中运用自己平时积累的语言材料。

（2）学习修改习作中有明显错误的词句。

（3）增强表达的自信心。

以三年级下册第四单元的习作为例，这次习作主要是借助表格整理信息，观察事物变化，把实验过程写清楚。借助表格是为了降低习作难度，形成整体框架。要把实验步骤写清楚，第一可以运用"先……接着……然后……最后"这样的句式写清实验的顺序，第二可以写出做实验时的心情、发现、想法等。其中第一点在第二点开始前已进行多次训练，对于学生来说没有什么难度，所以本次习作指导的重难点是第二点。

（二）在磨课中发现的问题

在磨课的过程中，我们发现以下问题：

（1）一节课无法展现学生的习作成果，不管是整篇习作还是片段作文。

（2）学生能写清楚实验步骤，但对实验现象和猜想写得不够清楚，语言贫乏。

（3）学习小组在评价时不能针对实验过程进行有效补充，评价要点不够清晰。

（三）教学思考

在发现了磨课中存在的各种问题后，我们继续研讨，再次明确了习作教学中需要注意的事项，具体如下：

（1）加强习作指导，降低习作难度，对三年级学生的要求定位在"写清楚"，尽量避免提高要求。

（2）避免写前的过度指导束缚学生，提倡从学生的习作成品中发现问题，并进行有效指导；将习作的具体指导放在学生习作之后，引导学生在交流中发现问题。但对于三年级学生来说，没有指导他们就没有方向、不会写，指导多了又束缚了他们的思维和语言，所以教师要准确把握"扶""放"的度。

（3）进行单元整合，充分发挥课文的示范作用。在教学中，教师不仅要设置学段目标，还要设置单元目标，在一个单元中，精读课文、略读课文、园地、口语交际、习作都是相互融合的，如本单元中的《蜜蜂》一文就为习作提供了很好的例子。

（4）注意评价的过程性和整体性，发挥评价的导向作用。

（四）教案改进

基于教学思考，我们将目标进行了调整，由指导整个写作过程改为重点指导一个片段，再让学生将片段中习得的方法运用到其他片段的写作中，重难点是引导学生细心观察，把过程写清楚。我们创设了金牌推荐官的情境，这样板块更清晰、要求更明确；将评价改为"表达星——按顺序说""观察星——说清变化""习作星——写清过程"，使其贯穿整个教学过程，从一开始的出示要求到一步步地落实要求，再到学生根据要点进行评价，很好地发挥了评价的导向作用，实现了"教学评"一体化。

（五）学习单改进

学习单是习作课中很好的学习支架。刚开始，我们让学生直接修改书本上的学习单，但发现学生修改的指向不明确，所以调整为"表格+习作纸"；

之后又发现学生修改的针对性不强，于是改为"在表格中填写实验步骤+发现和想法+片段习作"，从而为学生提供了更清晰的修改思路。

总之，我们认为要强化习作的交际功能，就要让学生体会到习作是为了更好地与人交流，更清楚地表达自己的想法，让学生在小组交流中、在与教师的交流中提高习作能力，体验与人进行书面交流的成就感，增强书面表达的自信心。平时要注重引导学生积极观察、感知生活，丰富语言经验，培养他们的语言直觉。相信在团队的通力合作下，我们的习作教学会越来越好。

二、圆玄小学三年级习作主题教研教学设计

主题教研教学设计具体内容见表1。

表1 主题教研教学设计具体内容

教学内容	三年级下册第四单元习作	备课老师	王春蕾
课题	我做了一项小实验	课型	习作课
教材分析：本单元的习作要求学生写曾经做过的一项小实验，旨在培养学生留心观察的习惯和有序表达的能力。本次习作的要求是"观察事物的变化，把实验过程写清楚"。本单元的课文都是经过仔细观察后写下来的，其中《蜜蜂》一文对学生如何把实验的过程写清楚具有启发性			
教材的第一部分明确了习作的内容，第二部分借助图表帮助学生回忆实验情景，第三部分提出了本次习作的要求。学生写作的时候要思考如何把实验过程写清楚。教材提示运用表示先后顺序的词语，也可以写自己做实验时的心情和有趣的发现。教材的第四部分对习作的评改提出了具体建议，包括两点：一是实验过程是否介绍清楚了，二是词语运用是否合适			
本次习作要引导学生借助图表整理实验的主要信息，学习按照一定的顺序写清楚实验的过程，从而进一步体会留心观察带来的好处			
			备课补充
教学目标	能借助实验图表记录自己做过的一项小实验，按顺序将实验过程写清楚		
	能根据要求与同学互评习作，并尝试用修改符号修改自己的习作		
教学重点	能借助实验图表记录做过的小实验		
	能按照顺序将实验过程写清楚，并写下自己在实验过程中的发现、感受和思考		
教学难点	能按照顺序将实验过程写清楚，并写下自己在实验过程中的发现、感受和思考		
教学准备	课件、实验视频、学习单		

教学内容	三年级下册第四单元习作	备课老师	王春蕾
课题	我做了一项小实验	课型	习作课

教学过程（第一课时）	**环节一　热身** 1.情境创设，评选"金牌推荐官" 今天老师收到一张征集令，我们一起来看看是什么吧！ "金牌推荐官"征集令 你喜欢科学实验吗？你喜欢探索发现吗？ 只要你： 善于观察，能发现实验中的有趣变化； 善于表达，能把实验过程讲清楚。 心动不如行动，快来加入圆玄小学的科学实验团队吧！ 2.出示"金牌推荐官"评选标准 （1）能够通过观察发现实验中的有趣变化，获得一枚"观察星"。 （2）能够借助连接词把实验过程讲清楚，获得一枚"表达星"。 （3）能够有条理、有趣味地记录实验过程，获得一枚"习作星"。 "三星"目标达成，即可荣获"金牌推荐官"称号。同学们，想挑战一下吗？ **环节二　演示实验，指导观察** 课前我们体验了"火山喷发"小实验，同学们的实验做得怎么样？成功了吗？ 1.演示实验，梳理步骤 （1）说清楚实验准备。 做这个实验需要准备什么呢？我们需要准备杯子、水、颜料、油、泡腾片。 （2）观察实验步骤。 接下来老师想请一名同学来介绍一下他是怎么做实验的，同学们要仔细听他讲述做实验的每一步。 第一步：将水倒入杯中。 第二步：将颜料滴进水中，搅拌均匀。 第三步：往水里倒油。 第四步：放入泡腾片。 小结：像这样把关键信息写在实验单上，既简便又能帮助我们记忆。 2.借助板书，说清过程 出示任务：你能借助黑板上的实验记录单把整个实验过程说清楚吗？ 实验开始了，谁能接着往下说？ 预设一：学生用第一步、第二步来说实验过程。 师：这位同学是用第一步、第二步来说实验过程的，我们还可以用"先……接着……然后……最后……"这样的连接词把实验过程说清楚，这样会更有语文味。谁再来试一试？

美丽的
风景
——
基于
「至善教育」
理念的学校课程图谱建构研究

教学内容	三年级下册第四单元习作	备课老师	王春蕾
课题	我做了一项小实验	课型	习作课

<table>
<tr><td rowspan="1">教学过程（第一课时）</td><td>
预设二：学生借助实验记录单，用"先……接着……然后……最后……"把实验过程说清楚。

3.借助实验记录单，用连接词说清实验过程
你说得很清楚，老师要送给你一枚"表达星"。
出示任务：
借助实验记录单，用"先……接着……然后……最后……"这样的句式把实验过程说清楚。
小结：老师听到同学们都能有条有理地说清楚自己的实验过程，你们都有做"金牌推荐官"的潜质哦！老师给你点赞。
环节三 二次观察，留心变化细节
怎么才能把这么有意思的实验介绍得更吸引人呢？
1.链接教材，发现秘诀
看书本56页的习作提示，画出关键信息。
明确：写清楚实验过程中的发现、心情或想法。
2.学习法布尔的写法
语文书里就藏着秘诀，出示本单元精读课文《蜜蜂》一文中的片段。

<table><tr><td>
这时候刮起了狂风，蜜蜂飞得很低，几乎要触到地面，大概这样可以减少阻力。我想，它们飞得这么低，怎么能看到遥远的家呢？
——法布尔《蜜蜂》
</td></tr></table>

请大家读一读这段话，从这段话中你知道了什么？
预设一："刮起了狂风，蜜蜂飞得很低"，这是法布尔在实验过程中的发现。
预设二："大概这样可以减少阻力"和"我想，它们飞得这么低，怎么能看到遥远的家呢？"这是法布尔心里的想法。
小结：是呀，如果我们能像法布尔这样，把自己实验过程中的发现、心情或想法记录下来，一定能使文章更吸引人。
3.第二次观看实验
（1）布置观察任务。
接下来请同学们和老师一起回顾实验过程。请你们仔细观察，注意细节，并把你们的发现、心情或想法记录在学习单上。
（2）播放实验视频，重点指导学生观察细节。
①指导学生观察颜色和形态的变化，运用恰当的动词。
②比较第二步的改写片段。
③小结观察方法。
④学生自主观察第三步和第四步，自由完成习作片段。
</td><td></td></tr>
</table>

教学内容	三年级下册第四单元习作	备课老师	王春蕾
课题	我做了一项小实验	课型	习作课

教学过程（第一课时）	⑤出示评价标准，修改习作片段。 a.师范改点评。 b.同桌互评、自我修改，二次展示。 **环节四 回顾方法，课堂总结** 小结：这节课，我们借助实验记录单写清楚了实验过程，知道了运用连接词可以把实验过程说得更清楚，学会了把自己有趣的发现和心情写进实验过程使我们的介绍更吸引人。这节课我们只是完成了片段练习，一篇完整的习作还需要加上一个合适的题目以及开头和结尾。那么，怎样加才能让我们的习作更出彩呢？我们下节课继续学习	
板书设计	**我做了一项小实验** **实验过程观察发现** 1.将水倒入杯中 颜色变化 形态变化　表达星☆观察星☆习作星☆ 准确用词 2.滴进颜料，搅拌均匀 3.往水里倒油 4.放入泡腾片	
教学反思		

三、实验记录单

实验记录单内容见表2。

表2　实验记录单

姓名：　　　　　　班级：		
实验名称：海底火山		
实验准备：杯子、水、颜料、油、泡腾片		
实验过程	我发现……	我想……
第一步：将水倒入杯中		
第二步：将颜料滴进水中，搅拌均匀		
第三步：往水里倒油（观察、记录变化）		
第四步：放入泡腾片（观察、记录变化）		

四、习作任务

你可以选择自己最喜欢的一个实验步骤，完成习作片段，也可以记录整个实验过程。请注意格式，适当分段。

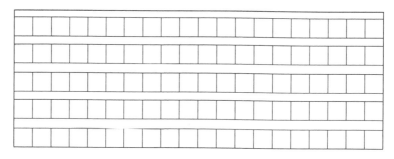

对习作的评价包括三个方面：是否用连接词写清楚实验过程；是否写清楚实验中看到的变化以及变化的过程；是否写清楚自己的心情和想法。

附件1

分步指导观察 搭建支架表达——以三年级习作《我做了一项小实验》为例

圆玄小学　王春蕾

《义务教育语文课程标准（2022年版）》对第二学段学生的语言表达与交流能力提出了以下要求：能观察周围世界，能不拘形式地写下自己的见闻、感受和想象，注意把自己觉得新奇有趣或印象最深、最受感动的内容写清楚；尝试在习作中运用自己平时积累的语言材料，增强表达的自信心。

三年级的学生刚开始接触整篇习作，对他们来说更重要的是表达的意愿与信心。教师在指导的过程中要有意识地搭建习作支架，帮助学生顺利完成整篇习作的大任务。

以三年级下册第四单元习作《我做了一项小实验》为例，通过研读教材，我发现本篇习作的能力目标指向两个方面：一是要求学生能够写清楚实验过程，写清楚包括有序表达和用词准确两个层次；二是要求学生能够在写清楚的基础上写具体，即描述实验过程中的心情和有趣的发现。

据此，我制定了本课的三个学习目标：一是能借助表格整理信息。二是能观察事物变化，三是能把实验过程写清楚（①把步骤写清楚：用"先……接着……然后……最后……"这样的句式。②把过程写清楚：写出做实验时的心情、发现、想法等）。

结合本课的教学目标，我创设了"金牌推荐官"的学习情境，评选标准与学习目标一一对应：能通过观察发现实验过程中的有趣变化，能借助连接词把实验过程讲得有条理，能把实验过程写得生动有趣。

我在课堂中通过三次搭建教学支架，帮助学生一步步达成学习目标。第一次搭建的教学支架是教材中提供的实验记录表格，学生在实验过程中借助表格记录实验步骤，这样能够保证思维的有序性。同时，引入关联词，让学生借助关联词将实验步骤清晰地说出来，达成有序表达的目标；在说的过程中，引导学生关注每一步的动作词，让他们发现准确用词可以使表达更精确。

只用关联词，学生基本能够说清楚实验过程，但是表达程序化，毫无文学性可言。这就需要第二次搭建教学支架，改造实验表格，让学生记录实验过程中的想法和观察到的变化，以及在交流时收集到的好词，这些都是使文章生动有趣的好素材。接着，我引导学生第二次观察实验，关注色彩、动态的变化，寻找新的实验发现。通过引导，学生观察得更细致，表达也更丰富了。

我趁热打铁，在此基础上引导学生将刚刚观察到的现象写下来。为了避免学生下笔千言、离题万里，我先出示评价表，列出本节课的学习目标，以评促学，帮助学生有目标地进行习作练习。

像这样通过分解习作任务，我们将整篇习作大任务细分成层层推进的小任务，搭建教学支架，帮助学生突破"无话可写"和"话写不多"的困境。对于作文单元的习作，教师在教的过程中要做好单元整合，充分利用课文的示范作用，同时注意评价的过程性和整体性，发挥评价的导向作用。

习作是为了与人交流，教师要让学生认识到习作要清楚地表达自己的意思，让别人能看明白。习作课要给予学生充分的思考时间去组织语言，创设安全舒适的习作氛围，帮助学生获得对书面语言的亲近感、运用书面语言的成就感。

叶圣陶说："作文不该看作一件特殊的事情，犹如说话，本来不是一件特殊的事情。作文又不该看作一件呆板的事情，犹如泉流，或长或短，或曲或直，自然各异其致。"落花水面皆文章，让我们都做生活中的"有情"之人。

附件2

《我做了一项小实验》评课稿（一）

陈珏怡

各位领导、老师、家长，下午好！我从观测学生的角度对王老师的《我做了一项小实验》这节课进行评价。

三（9）班的学生学习态度良好，精神抖擞。因为是下午最后一节课，虽然学生的情绪没有前几个班级高昂，但从整节课学生的表现能够看出学生上课专注、认真。

本次课中学生积极性强、参与度高，大部分学生能全程跟着老师的思路走。在做实验（课前作业）、说实验、看实验、写实验的过程中，大部分学生能做到用眼睛认真观察、用耳朵认真听、用嘴说清楚实验步骤、用头脑思考。他们想象丰富，富有童趣。

小组合作气氛活跃，有效性高。虽然只是三年级学生，但他们已能自己有序自主组织讨论，小组长能带领大家依次发言，几乎所有学生都能参与每一次的小组讨论。完成小组讨论后，学生自觉端正坐姿并采取背诵诗句的方式终止讨论，很有语文特色。

同时，大部分学生在最后的写作环节都能学以致用。根据王老师设计的"金牌推荐官"的评星依据，大部分学生都能获得"观察星"和"表达星"。这说明老师教得好，学生学得好！

以上是我的一些见解，谢谢大家！

《我做了一项小实验》评课稿（二）

李晓素

各位老师，各位家长，下午好！我对王老师的《我做了一项小实验》这节习作课进行评价。王老师的这节课给了我很大的启发，具体体现在以下几方面。

一、巧设情境，激发学习欲望

王老师抓住小学生探索欲强的特点，设置了科学社团寻找"金牌推荐官"的情境，这个情境贯穿整节课，教师以"观察星""表达星""习作星"等多元评价，激励学生开口说、动手写。

二、目标明确，重点突出

"海底火山喷发"这个小实验学生在家已经做过，而王老师依据学生的认知的特点，从学情出发，引导学生结合实验记录单，运用"第一步……第二步……第三步……第四步……"的句式将实验过程说出来。同时，王老师表扬了先运用"先……接着……然后……最后……"句式的学生，引导学生转变表达的句式，带领学生对实验进行有序表达。在学生有顺序表达的基础上，王老师还运用视频的方式，将实验的每个步骤分段展示，引导学生更加细致地观察实验的变化，展开想象，讲述自己独特的联想。课堂设计思路清晰，环节紧凑，由浅入深，循序渐进。

三、小组合作，突出学生的主体地位

在整节课中，王老师组织开展了3次小组合作，每个学生都有发言的机会。通过小组合作，学生的独特联想相互碰撞，丰富了组内学生的语言表达。同时，学生在说、写、评三个方面均得到了相应的锻炼，提高了表达能力，发挥了自身的主体性。

王老师这节课层层深入，使学生从一开始只能简单地说实验过程，到准确有序地描述实验，再到有条理地描述整个实验；使学生的表达由口头到文字，一步一步升级。授人以鱼不如授人以渔，相信学生在这节课中已经学会了怎么将实验的文章写得有趣生动，以后也能举一反三写出更多其他的文章。以上是我的一些粗浅看法，如有不当，恳请大家批评与指正。感谢大家的聆听！

第二章

实践探索

《认识万以内的数》教学设计

——人教版数学二年级下册第七单元

一、情境分析

（一）教材分析

1. 单元内容分析

（1）教学内容的性质与定位。

人教版数学二年级下册第七单元的学习内容是《认识万以内的数》，把认识数的范围从100以内扩展到万以内。在100以内数的学习过程中，学生积累了较为丰富的数数活动经验，对计数单位"个""十""百"也有了初步的认识，为本单元的学习奠定了基础。

万以内数的认识是小学阶段"数的认识"教学中较为重要和关键的内容之一。一方面，我国的计数习惯是分级计数，万以内的数是第一级（个级），学生掌握了万以内数的计数单位、数位顺序以及相邻计数单位之间的进率，就能够对十进制计数法形成正确而完整的认识，这也是进一步认识多位数的重要基础。另一方面，万以内数的顺序、组成，数的读写方法、大小比较方法等都是整数认识中最基本、最重要的知识和方法，掌握了这些知识和方法，学生就有条件把它们类推到亿级的数中去，进而形成完善的自然数知识体系。因此，万以内数的意义和组成，万以内数的读、写方法，万以内数的大小比较等都是本单元的教学重点。

（2）本单元的教学内容及其前后联系。（表1）

表1　本单元的教学内容及其前后联系

已学过的相关内容		本单元的主要内容		后续学习的相关内容
·百以内数的认识 ·百以内的加、减法口算和笔算 ·表内乘法和表内除法（二年级上册）	→	·万以内数的计数单位、数位顺序 ·万以内数的组成、读法和写法、大小比较 ·近似数的初步认识 ·用算盘表示万以内的数	→	·万以内的四则运算及估算 ·多位数的认识（四年级下册） ·多位数的改写及求近似数（四年级下册）

（3）单元目标分析。

本单元学习目标包括以下几方面：

一是使学生通过观察、操作、数数等活动，理解万以内数的意义，了解万以内数的数位名称及顺序，知道万以内的计数单位及相邻两个单位间的进率；会认、读、写万以内的数；掌握万以内数的大小比较的方法，能正确比较数的大小；能说出各数位的名称，理解各数位上的数表示的意义；能根据万以内数的组成进行简单的加、减法口算；认识"≈"，并能用"≈"表示一个接近整百、整千的数的近似数；会用算盘表示数。

二是使学生在认数、比较数的大小和估计数的大小的过程中，进一步体会十进制计数法的基本特点，初步感受万以内数的大小关系，能用万以内的数解决一些简单的实际问题，提高用数进行表达和交流的能力，增强估计意识，发展数感。

三是使学生在认数活动中进一步感受数学与日常生活的密切联系，培养认真观察、积极思考的习惯，体验与同学合作交流的乐趣，增强学好数学的自信心。

总体来看，本单元目标虽然从三个方面提出，但基本涵盖了"知识技能""数学思考""问题解决"和"情感态度"四个维度，其中特别强调了"使学生通过观察、操作、数数等活动""使学生在认数、比较数的大小和估计数的大小的过程中""发展数感""进一步感受数学与日常生活的密切联系，培养认真观察、积极思考的习惯，体验与同学合作交流的乐趣，增强学好数学的自信心"，较好地体现了关于基础知识、基本技能、基本思想、

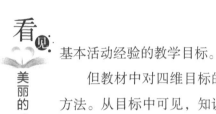
基本活动经验的教学目标。

但教材中对四维目标的阐述也突显了一个问题，即重知识技能，轻过程方法。从目标中可见，知识技能目标罗列得比较全面，但是对于过程方法目标并没有给出多样、具体、详细的阐述和建议。

2. 教材编写特点分析

教材中，本单元内容为"9道例题+2个阶段练习"，教学计划为9课时。教材具体内容及编写结构见表2。

表2　教材具体内容及编写结构

课时	内容	主要目标
1/9	例1、例2：数数和千以内数的认识	1.理解千以内数的意义； 2.认识千以内数的组成； 3.通过数数认识计数单位"千"，进一步认识十进制计数法
2/9	例3：千以内数的读、写	结合计数器认识千以内数的读、写方法
3/9	例4：用算盘表示数	1.认识算盘的结构； 2.认识算盘的计数规则； 3.会读、写算盘上表示的数； 4.会根据规则在算盘上拨出指定的数
4/9	练习三	针对例1～例4的学习内容进行阶段性巩固复习
5/9	例5、例6：万以内数的组成与读写（中间不含0）	1.理解万以内数的意义； 2.认识万以内数的组成； 3.通过数数认识计数单位"万"，进一步理解十进制计数法； 4.认识数位顺序表
6/9	例7：中间有0的数的组成与读写	1.认识中间有0的万以内数的组成； 2.会读和写中间有0的万以内数
7/9	例8：万以内数的大小比较	1.理解万以内数的大小比较的方法； 2.会进行万以内数的大小比较
8/9	例9：简单的近似数	1.认识并理解一个数的近似数的意义； 2.认识"≈"，会用"≈"表示一个数的近似数； 3.会进行整十、整百、整千的数的简单加减法口算（不进位和不退位）
9/9	练习四	针对例5～例9的学习内容进行阶段性巩固复习

总体来看，教材的编写力图实现以下几个目标：

（1）分段安排万以内数的认识，适当分散教学难点。

首先，教材将全部内容分为四段安排教学，即千以内数的认识、万以内数的认识、数的大小比较、简单的近似数。其次，为了突出本单元的教学重点，使学生切实掌握万以内数的意义和读写方法，教材特别注意有层次地安排认识千以内数和万以内数的教学内容，而每一个阶段都是先教数数和数的组成，再教数的读法和写法。最后，在认识万以内数时，先教中间不含0的数的组成和读写，再教中间有0的数的组成和读写。这样由简单到复杂、由一般到特殊，逐次递进、螺旋上升地安排教学内容的目的是促进学生对所学内容的理解和知识的构建。

（2）加强认数的直观性，突出对数的意义的理解。

由于本单元学习的都是较大的数，其高度的抽象性是学生学习理解数的意义的主要障碍。因此，教材重视引领学生经历由具体到抽象的学习过程，在教学千以内数和万以内数时，都注意让学生经历"用方块表示数"到"用计数器（或算盘）表示数"，再到"用数字符号表示数"的过程。"用方块表示数"有利于学生直观理解相应的计数单位的含义，具体感知数的实际大小；"用计数器（或算盘）表示数"则能直观地显示十进制计数法的数位顺序和位值原则，有利于学生理解数的意义、掌握数的组成；"用数字符号表示数"则可以帮助学生实现从具体到抽象的跨越，在理解数的意义的基础上进一步掌握万以内数的读写方法。

（3）精心选择学习素材，让学生联系生活实际认识万以内数。

教材在学习素材的选择上，力求考虑学生学习和生活的实际需要，适当安排一些生活中常见的与自然、地理、人文等学科相关的素材，组织学生的认数活动。例如，教材中出现了青海湖的海拔高度、我国鸟类的种数、太平洋的平均深度、"五岳"的高度等素材，让学生进行读数和写数练习。

（4）灵活安排有关估计的内容，发展学生的数感。

教材结合认数和数的大小的比较，安排了有关估计的内容。例如，让学生先填写直线上的点所表示的数，再判断某个数是接近一千还是接近一万；在三个同样大的量杯中放入数量不等的黄豆，启发学生依据一个量杯中黄豆的粒数，估计另外两个量杯中黄豆的粒数。另外，教材还专门利用一个课时进行近似数的教学，引导学生把一个接近整百或者整千的数用大约几百或几千来表示。这些内容的安排，试图帮助学生逐步积累估计的经验和方法，体会估计的意义和作用，增强估计意识，不断提高把握数的大小关系的能力。

3. 主要问题及对策分析

综上所述，虽然教材努力为学生提供丰富的学习素材，设计合理的学习路径，达成课程内容的培养目标，但是在基于"单元"理念的教学设计与实施以及"数感"培养方面还存在一些有待进一步解决的问题。具体问题及解决对策如下：

（1）单元内容的结构设计过于强调"知识点"，忽视数学内容的"本质"属性。

本单元内容属于"数的认识"，教材是按照千以内数的认识、万以内数的认识、数的大小比较、简单的近似数四个具体的知识点进行教学编排的。例如，我们发现在"千以内数的认识"和"万以内数的认识"两个板块中，学生都要经历"数的意义""数的表示"的学习过程，两个方面存在着内在本质和规律的统一性。

这样的编排思想，过于强调简单思维的知识技能视角，而不是课程视角。因为课程的核心内容不是指具体的知识点，甚至不是指具体的知识本身，而是通过概括很多知识的共性反映出来的思想和思维方式。而"数感""符号意识"等就是"数的认识"的核心内容，也就是我们今天所说的核心素养。

从数感的内涵来看，它包括认识数的四个方面：在对具体情境中数与数之间的关系等进行感悟的基础上理解数的意义，运用多种方法来表示数，把握数的相对大小关系，运用数来表达和交流信息。简单来说就是数的意义、数的表示、数和数之间的关系、数的应用四个方面。这四个方面也应该是进行"数的认识"课程设计的四条主线，其中数的应用不仅仅是一条主线，还应该渗透在整个学习过程中。这样的设计既充分体现了"数的认识"内容的数学本质属性，又有利于学生建构科学、合理的知识体系，有利于有效发展他们的核心素养。

（2）认数的直观模型较为单调，从具体到抽象揭示数的意义的逻辑结构过于简单。

认识万以内数是学生第一次接触大数，而且这些大数相对于二年级的学生来说，抽象度极高。在教材中，帮助学生认数的直观模型主要是小方块、计数器和算盘三种。算盘的结构和计数规则与计数器虽然很相似，但唯一不同的一点是：算盘上档一个珠子表示5，对学生直观理解"满十进一"的十进制计数法会产生极大的负面干扰。所以，在两种模型中，从小方块到计数器的过渡表面上看是从具体到抽象，但实际上由于其单调、缺乏直观性，导致从具体到抽象揭示数的意义的逻辑结构过于简单。

基于此，在实际教学中，我们建议采用人民币模型、小方块、计数器、算盘等直观模型，引领学生理解万以内数的意义和组成，这样的逻辑结构也有利于发展学生的数感、归纳能力和符号意识。

（3）缺少对大数的感性感悟，不利于形成对大数的理性感悟。

数感是指人们对数和数之间关系的一种感悟，以及运用数字关系和数字模式进行推理与解决问题的能力。数感的培养，始于对数和数之间关系的感悟，人们运用这些感悟进行推理与解决问题。

在教材的编写结构中，缺少引领学生对"千"或"万"等大数进行直观感受的体验过程，而这个过程才是对数字意义进行感悟的基本过程。教材认为设计了有关估计的两个练习题，让学生学习了把一个数改写成接近整百、整千的近似数，就是在培养学生对数字的感悟，这样的理解稍显牵强，以偏概全。

既然数感的培养始于对数和数之间关系的感悟，我们认为非常有必要为学生提供更多的对"千"和"万"进行直观感悟的机会，帮助学生通过多种方法和策略直观感悟和理解"千"和"万"，为学生形成对大数的理性感悟奠定良好的基础。

（4）"数的应用"缺乏"解决问题"的内容，不利于系统地发展学生的数感。

数感，就是建立在模型基础上的对数字关系和数字模式的感悟，以及运用数字进行推理与解决问题的能力。能够运用数字进行推理与解决问题，正是学生数感培养的核心价值的体现，也是数学课程中核心素养培养的终极目标。

基于此，我们来看教材中有关"数的应用"部分的教学编排。作为"数的认识"中最重要的主线，教材确实在有关数的意义、数的表示、数和数之间的关系等方面对学生进行了数感的培养，但是培养过程仅限于理解相关概念和数学基本原理的层面，这显然是不够的。在现实生活中，数学与生活的联系就是利用数的知识解决实际问题，特别是运用计算解决一些实际问题。史宁中教授曾经说过：在日常生活和生产实践中，人们遇到的大量计算都是估算。本单元的教材也涉及了"进行整十、整百、整千的数的简单加减法口算"，因此，我们认为在本单元内容的教学安排中，结合学生的学习实际来增加估算的内容很有必要，这样能够从更丰富的维度系统地发展学生的"数感"。

（二）课标分析

1. 课程目标分析

《义务教育数学课程标准（2011年版）》（以下简称《课标》）第一学段目标（1～3年级）中有关数的学习的相关要求是这样的："经历从日常生活中抽象出数的过程，理解万以内数的意义""在运用数及适当的度量单位描述现实生活中的简单现象，以及对运算结果进行估计的过程中，发展数感"。同时，《课标》还明确提出："建立数感有助于学生理解现实生活中数的意义，理解或表述具体情境中的数量关系。"具体分析如下：

（1）课标中关于万以内数的认识最重要的是"理解数的意义"，明确提出必须经历从日常生活中抽象出数的过程。这里的"理解"是指通过运用直观模型及多种方法，用数字符号来表示万以内的数，把具体数量逐渐抽象成数字符号，引领学生理解数的意义。

（2）虽然数感是基于对数的意义、数的表示的学习，但实际上，更重要的是运用数描述现实生活中的简单现象，以及对运算结果进行估计，即数的应用部分要引起我们足够的重视。

2. 课程内容分析

在《课标》第一学段（1～3年级）的课程内容中，关于"数的认识"的内容的设置要求如下：

"在现实情境中理解万以内数的意义，能认、读、写万以内的数，能用数表示物体的个数或事物的顺序和位置。

"能说出各数位的名称，理解各数位上的数字表示的意义；知道用算盘可以表示多位数。

"理解符号<，=，>的含义，能用符号和词语描述万以内数的大小。

"在生活情境中感受大数的意义，并能进行估计。

"能运用数表示日常生活中的一些事物，并能进行交流。

"能结合具体情境，选择适当的单位进行简单估算，体会估算在生活中的作用。"

总体来看，课程内容的结构，体现的正是数的认识的四条主线，即数的意义、数的表示、数和数之间的关系、数的应用。特别是教学"数的认识"时，《课标》建议采用如下一些具体的教学策略：

（1）注重让学生经历从现实世界中抽象出数的过程。

学生对万以内数的学习并不能根据之前对100以内数的学习习惯来进行，万以内数的认识应该更多地依赖抽象的概括思维，从规律上加以把握。

（2）注重让学生体会数的丰富意义。

数的丰富意义包括计数的数、数量的数、度量的数和计算的数。虽然从本质上看它们都具有基数和序数的意义，但对于学生而言，认识这种本质并不简单，这里的意义更多的是数学意义在具体情境和学生理解层面的丰富性。

（3）注重让学生在具体情境中感受大数和应用大数。

在生活实践中，大数的使用频率比较高，从不同侧面、不同角度去理解和把握大数，有利于学生理解数的意义、建立数感，也有利于学生体会数学与生活的联系。

（三）学情分析

1. 已有知识基础与相关经验

在学习本单元之前，学生已经在一年级学习过100以内的数，了解了100以内数的意义、表示方法、大小比较，认识了个、十、百三个计数单位，通过直观模型和数数活动，也初步认识了这三个计数单位间的进率是十。更重要的是，经过之前的学习，学生已经积累了一定的数数经验，包括10以内的逐一计数和100以内的按群计数。

2. 心理年龄特点

二年级属于低年段，这个时期，学生的思维发展还处于以具体形象思维为主的阶段，抽象思维能力较弱，个别学生甚至几乎没有抽象思维，在理解和关注学习素材方面，还以个人兴趣为主要出发点，感性思维明显多于理性思维。

3. 小学生数感发展的特征

借鉴史宁中与郭民的研究成果可知，二年级至六年级学生数感发展都能很好地达到阶段I。在阶段I，二年级学生与三、四、五、六年级学生数感发展存在显著差异，而三、四、五、六年级学生数感发展不存在显著差异。三、四、五年级学生数感发展能够较好地达到阶段II，但在阶段III的表现一般；六年级学生数感发展能够较好地达到阶段III。

因此，数感发展的关键期是小学低年段，数感教学的重点也应在第一学段。学生数感的发展需要经历感悟多少、用数表示多少、建立数之间的关系、对数进行运算、形成数系概念等过程。

二、单元教学计划

（一）单元目标与评价标准

1. 单元目标：核心素养

基于以上分析，我们确定本单元的核心目标为本单元所体现的学科核心素养：通过认识万以内的数，提升数感。具体见表3。

表3　单元目标：核心素养

一级指标	二级指标	评价要点
数感	认识万以内数的意义	能在具体情境中理解万以内数的意义； 能结合具体情境选择适合自己的方法来感受1000有多大
	理解数的表示方法	能结合或脱离直观模型说出万以内的数是怎么组成的； 能结合或脱离直观模型读出和写出万以内的数； 能准确计算整百、整千数的加减法，并明确算理
	比较万以内数的大小	能结合或脱离直观模型比较两个万以内数的大小，并将比较方法解释清楚； 能将一个接近整百、整千的万以内的数按要求改写成近似数
	用数表达和交流	在具体情境中，能解决有关用数的问题，并将解决问题的方法和过程表达清楚

2. 单元教学目标：四维目标

在单元核心素养目标的指导下，我们确定了单元教学目标，具体体现在知识技能、数学思考、问题解决、情感态度四个方面，见表4。

表4　单元教学目标：四维目标

目标维度	具体目标
知识技能	1.能用"个""十""百""千"等计数单位数万以内的大数，认识"千""万"等计数单位，进一步认识数位顺序表。 2.能将表示数量的直观模型抽象成万以内的数，能用多种模型表示万以内的数。 3.会读写万以内的数。 4.能根据万以内数的组成进行简单的整百、整千的加、减法口算。 5.会用算盘表示数，会读写算盘表示的数。 6.能正确比较万以内数的大小。 7.认识"≈"，并能用"≈"表示一个接近整百、整千的数的近似数
数学思考	1.在具体情境中练习数数，理解"千""万"产生的必要性。 2.结合不同的现实背景，理解万以内数作为"基数""序数"的不同意义。 3.在数数的过程中，感受十进位制思想，培养迁移、转化等数学思维方法。 4.结合现实情境，感受1000有多大，发展数感
问题解决	1.能用万以内的数解决一些大小比较的实际问题，提高用数进行表达和交流的能力，发展数感。 2.结合现实素材和实际问题，认识并理解近似数，进一步发展数感。 3.结合具体情境，能够选择合适的估算策略进行估数，解决实际问题
情感态度	1.经历从具体数量抽象出数的数学活动过程，体会数学的简洁美、抽象美，进一步体会数学与生活的密切联系。 2.积极参与探索知识的学习活动，善于独立思考，乐于合作交流，主动反思、质疑

3.单元评价标准

确定了单元教学目标，只是确定了单元评价的内容，对于目标的落实情况，还需要确定评价标准，也就是目标的达成程度如何。具体标准见表5。

表5　单元目标的达成标准

评价目标	评价标准	单元评价标准	等级	分值
知识技能	1	能用"个""十""百""千"等计数单位数万以内的大数，认识"千""万"等计数单位，进一步认识数位顺序表，能用小方块和计数器表示"个""十""百""千""万"等计数单位	A	3
		能用"个""十""百""千"等计数单位数万以内的大数，认识"千""万"等计数单位，进一步认识数位顺序表	B	2

评价目标	评价标准	单元评价标准	等级	分值
知识技能	1	不能用"个""十""百""千"等计数单位数万以内的大数，不认识"千""万"等计数单位，不认识数位顺序表	C	1
	2	能将人民币、小方块、计数器、算盘等直观模型表示的数抽象成万以内的数，能用多种方法表示一个万以内的数	A	3
		能将小方块、计数器等直观模型表示的数抽象成万以内的数，能用小方块、计数器表示一个万以内的数	B	2
		不能将小方块、计数器等直观模型表示的数抽象成万以内的数	C	1
	3	能准确读、写万以内的数，并能够将读、写方以内的数的方法表达清楚	A	3
		能准确读、写万以内的数	B	2
		不会读、不会写万以内的数	C	1
	4	能根据万以内数的组合进行简单的整百、整千的加、减法口算，并将算理表达清楚	A	3
		能根据万以内数的组合进行简单的整百、整千的加、减法口算	B	2
		不能根据万以内数的组合进行简单的整百、整千的加、减法口算	C	1
	5	会用算盘表示数，也能把算盘表示的数读、写出来，能把用算盘表示数和读、写数的规则表达清楚	A	3
		会用算盘表示数，也能把算盘上表示的数读、写出来	B	2
		不会用算盘表示数，不能把算盘上表示的数读、写出来	C	1
	6	能准确比较万以内数的大小，能准确选择合适的方法进行数的大小比较，能将自己的比较方法表达清楚	A	3
		能够准确比较万以内数的大小，能准确选择合适的方法进行数的大小比较	B	2
		不能准确比较万以内数的大小	C	1
	7	认识"≈"，会用"≈"写出接近整百、整千的数的近似数，能把自己改写近似数的方法和原则表达清楚	A	3
		能写出接近整百、整千的数的近似数	B	2
		不能写出接近整百、整千的数的近似数	C	1

评价目标	评价标准	单元评价标准	等级	分值
数学思考	1	在数物体数量的过程中，理解百位满十需要向"千位"进一、千位满十需要向"万位"进一，理解"千""万"产生的必要性	A	3
		能理解999再添1是1000，能理解9999再添1是10000	B	2
		不能理解999再添1是1000，不能理解9999再添1是10000	C	1
	2	在具体情境中，能区分万以内的数是表示"基数"还是"序数"，并能表达清楚	A	3
		在具体情境中，能区分万以内的数是表示"基数"还是"序数"	B	2
		在具体情境中，不能区分万以内的数是表示"基数"还是"序数"	C	1
	3	能在数数的过程中，理解十进制计数法，并能根据"满十进一"原则认识"千"和"万"	A	3
		能够理解相邻两个数位之间的进率是十，能够准确说出每一个数位上的数字所表示的意义	B	2
		不能理解十进制计数法	C	1
	4	能根据不同的现实情境，辩证地感受和表达1000有多大	A	3
		在现实情境中，能用合适的方式来感受1000有多大	B	2
		在现实情境中，不能找到一种合适的方法来感受1000有多大	C	1
问题解决	1	能通过比较数的大小来解决一些实际问题，并能清楚表达解决问题的过程	A	3
		能通过比较数的大小来解决一些实际问题	B	2
		不能通过比较数的大小来解决一些实际问题	C	1
	2	能根据要求将一个万以内的数准确改写成近似数，能说出改写的原则和方法，能体会近似数不是一个确定的数，而是表示一组数的范围	A	3
		能根据要求将一个万以内的数准确改写成近似数，能说出改写的原则和方法	B	2
		不能根据要求准确找出一个万以内数的近似数	C	1
	3	在具体情境中，能够使用合适的估数策略估数，并能将方法迁移到其他问题上	A	3

评价目标	评价标准	单元评价标准	等级	分值
问题解决	3	在具体情境中，能够使用合适的估数策略估数	B	2
		在具体情境中，不能找出合适的估数策略估数	C	1
情感态度	1	能在现实情境中体会万以内数的意义，能用万以内的数表示相关事物	A	3
		能对生活中出现的数进行合理的解释说明	B	2
		无法对生活中出现的数进行合理的解释说明	C	1
	2	主动参与学习活动，在合作学习过程中，能够主动交流，认真倾听，提出质疑，能够出色完成各项分工任务	A	3
		主动参与学习活动，在合作学习过程中，能够主动交流，认真倾听，提出质疑	B	2
		在学习过程中不主动，没有合作意识	C	1

（二）单元教学与评价计划（13课时）

1. 单元教学流程解读

理解单元教学计划，需要从纵向、横向两个层面理解"单元"的教学结构。

（1）纵向：导入、展开、总结三个阶段顺次开展。

导入阶段共1课时，将为整个单元的学习奠定基础。在这一课时中，学生就整体学习情境展开讨论，发现并提出自己感兴趣的或者想要解决的问题，并对问题进行梳理和分类。结合"数的认识"的学科本质，教师要引导学生将所有问题分为"数的意义""数的表示""数和数的关系""数的应用"四条主线，明确接下来的学习任务，制订学习计划。

展开阶段共11课时，将依据导入阶段确定的任务与计划，以"数的意义""数的表示""数和数的关系""数的应用"四条主线为线索，开展具体的教学活动。特别需要说明的是，每一课时，教师除了完成计划内的教学任务之外，还要引导学生对学习过程进行总结与反思，关注学生是否在学习过程中提出了新问题，并把新问题补充到学习任务和计划中。这样随着全部学习任务的结束，学生不但完成了对大数的认识，而且从"数的认识"的本质属性、逻辑结构上建构了全面、完善的关于"万级"数的知识体系，为后续进一步学习"亿级"数的知识积累了重要的经验。

总结阶段共1课时，在学生完成全部学习任务后，引导学生进行全面总结和反思，既要引导学生进行学习内容的整理与复习，还要指导学生对在学习过程中所表现出来的情感态度、行为习惯等方面进行反思，总结经验教训，为今后的学习打下良好的基础。

（2）横向：学生的学习活动、教师指导支援、评价要点三个方面体现"学、教、评一体化"。

与以往"教、学、评一体化"不同的是，"单元"教学理念强调"学、教、评一体化"，三条主线有机结合，重点突出。

首先，单元教学以学生的学习活动为主线。课改后，尽管人们越来越重视教学活动中学生的主体地位，但在实际教学设计和实施过程中，还是更多地体现了教师的主导作用，设计教学流程时，教学内容的组织、呈现的逻辑结构都是以教师的理解为主要依据的。现在，我们要把学生作为学习过程的主体，要依据学生的学习需求开展教学活动，而教师只是在学生的学习过程中起到指导和支援的作用。因此，我们认为学生的学习活动既是目标，也是内容，更是方法。教师指导的策略、时机等都要根据学生的学习活动而定。

其次，单元教学计划针对学生的每一次学习活动设计了评价目标，充分体现了过程性评价的作用，改变了以往以终结性评价作为主要方式的单一评价，突出了观察法、访谈法、测验法等评价方法的多样性，以及自我评价、同伴互评、教师评价等评价主体的多元性，让评价充分发挥作用，以评促学，以评促教。

2. 教学流程与评价计划

教学流程与评价计划见表6。

表6　教学流程与评价计划

单元流程			学生学习活动	教师指导支援	评价要点
学习阶段	学习任务	课时分配			
导入	明确任务，制订计划	1/13 提出数学问题，明确学习任务，制订学习计划	1.在具体情境中发现、提出数学问题。2.分析问题，对问题进行梳理和分类，明确数学本质。3.明确学习任务，制订学习计划	1.创设佩奇逛商场的情境，引导学生提出问题。2.指导学生对问题进行分类、整理。3.指导学生制订学习计划	1.能在具体情境中提出问题。2.能按四条主线明确学习任务。3.能在教师的指导下制订学习计划

单元流程			学生学习活动	教师指导支援	评价要点
学习阶段	学习任务	课时分配			
展开	主线1~2的学习：数的意义与数的表示	2~3/13 经历数数过程，认识千以内的数和计数单位"千"	1.在具体情境中，用"个""十""百"等计数单位数数，表示数，认识千以内的数。2.经历从999数到1的过程，认识"千位"和"千"，理解"个""十""百""千"之间的关系	1.创设货物价格的情境，引导学生提出问题。2.为学生设计学习指南，组织学生开展学习活动	1.能用"个""十""百"等计数单位数数，理解千以内数的意义。2.能认识计数单位"千"，能理解"个""十""百""千"计数单位之间的进率是十。3.能理解千以内数的组成和读写
		4/13 感受1000有多大	1.结合现实背景，感受1000有多大。2.能结合不同的背景，辩证地感受1000有多大	1.为学生设计感受"1000"有多大的体验活动。2.为学生设计活动指南，组织学生开展学习活动	1.能在具体情境中感受1000有多大。2.能结合不同的背景、素材，辩证地感受1000有多大
		5~6/13 经历数数过程，认识万以内的数和计数单位"万"	1.在具体情境中，用"个""十""百""千"等计数单位数数、表示数，认识万以内的数。2.经历从9999数到1的过程，认识"万位"和"万"，理解"个""十""百""千""万"之间的关系。3.认识、完善数位顺序表	1.创设玩具零件个数的情境，引导学生提出问题。2.为学生设计学习指南，组织学生开展学习活动	1.能用"个""十""百""千"等计数单位数数，理解万以内数的意义。2.能认识计数单位"万"，能理解"个""十""百""千""万"计数单位之间的进率是十。3.能理解万以内数的组成和读写。4.能熟记从"个位"到"万位"的数位顺序

单元流程			学生学习活动	教师指导支援	评价要点
学习阶段	学习任务	课时分配			
展开	主线1～2的学习：数的意义与数的表示	7/13 用算盘表示数，口算整百、整千数的加、减法	1.认识算盘及算盘的产生，学习用算盘表示数。 2.在解决具体问题的过程中，学习整百、整千数的加、减法口算	1.为学生创设购物的情境，引导学生提出问题。 2.为学生设计学习指南，引导学生开展学习活动	1.能认识算盘的结构。 2.能理解算盘表示数的方法，能读和写算盘上表示的数。 3.能准确进行整百、整千数的加、减法的计算
		8/13 阶段练习（1）	1.回顾前几节课学过的知识。 2.完成闯关游戏，巩固应用	1.引导学生回顾学习经历，整理学过的内容。 2.为学生设计闯关游戏	1.能复现学过的内容。 2.能完成全部闯关任务
	主线3的学习：数和数的关系	9/13 万以内数的大小比较	1.在具体情境中提出关于数的大小比较的问题。 2.探究万以内数的大小比较的方法	1.为学生创设购物的情境，引导学生提出问题。 2.为学生提供学习指南，组织学生开展学习活动	1.能选择合适的方法正确比较万以内数的大小。 2.能运用数的大小关系解决简单的实际问题
		10/13 认识近似数	1.在具体情境中提出有关近似数的问题。 2.探究学习：认识"≈"，学习写出一个接近整百、整千的数的近似数 3.利用近似数比较两个数的大小，进一步体会近似数的意义和作用	1.为学生创设购物的情境，引导学生提出问题。 2.为学生提供学习指南，组织学生开展学习活动	1.能结合具体情境理解近似数的意义。 2.能认识并会使用"≈"，写出一个接近整百、整千的数的近似数。 3.能借助近似数比较两个数的大小，并说清楚理由

美丽的**风景**

——基于「至善教育」理念的学校课程图谱建构研究

单元流程			学生学习活动	教师指导支援	评价要点
学习阶段	学习任务	课时分配			
展开	主线4的学习：数的应用	11/13 估数	1.在具体情境中提出有关估数的问题。 2.探究学习：用"以小估大"或"以小估多"的方法进行估数活动	1.为学生创设情境，引导学生提出问题。 2.为学生提供学习指南，组织学生开展学习	1.能在估数活动中理解"以小估大"或"以少估多"的策略。 2.能利用"以小估大"或"以少估多"的策略解决生活中的相关问题
		12/13 阶段练习（2）	1.回顾前几节课学过的知识。 2.完成闯关游戏，巩固应用	1.引导学生回顾学习经历，整理学过的内容。 2.为学生设计闯关游戏	1.能复现学过的内容。 2.能完成全部闯关任务
总结	总结学习，反思提升	13/13 回顾学习过程，总结反思	1.观察学习任务单，回顾单元学习过程。 2.总结收获，反思不足。 3.提出新问题，形成"问题银行"	1.引导学生对学习过程进行总结和反思。 2.引导学生提出学习过程中产生的新问题	1.能客观总结学习过程中的成功经验。 2.能反思学习过程中的不足

三、单元教学实施

（一）单元教学特点

1.情境性：强调学习情境的现实意义

有意义的情境是指与学生的学习和生活联系紧密的、学生容易理解的、能够激发学生主动参与兴趣的、有利于学生建构知识的情境。

在导入阶段，教师为学生设计了逛商场的情境，学生通过情境中的商品数量、价格等数学信息引发思考，提出问题，在对问题进行分类和梳理的基础上，了解单元学习目标（认识万以内的数），并制订学习计划（数的意义、数的表示、数和数的关系、数的应用4条主线）。在展开阶段的每一个学习活动中，教师同样需要为学生创设有意义的情境，让学生在有数学价值的情境中进行体验和探究，建构知识，发展学科核心素养。

2. 主体性：尊重学生学习的主体地位

如前所述，"单元"理念下的教学活动完全以学生为主体，教师只发挥为学生的学习过程提供指导和支援的作用。尊重学生的主体地位，既要尊重学生的知识基础与已有经验，也要尊重学生在学习过程中所表现出来的一切心理特点和行为习惯，因势利导，因材施教。对于万以内数的认识，学生积累的经验并不是十分丰富，教师要从学生的已有经验出发，让学生在问题的引导下更多地开展独立的探究活动，总结经验，发现规律；在用多种方法表示大数的时候，允许学生基于自己的认知和能力，选择自己所理解的方法来表示大数。

3. 对话性：重视学习过程的多方对话

由于"单元"教学重视学生的主体地位，因此在教学过程中，以学生为中心，指导学生与文本、自己、同伴、教师等开展多方对话就显得尤为重要。其实，学生每一个学习目标的达成、每一项知识的建构除了需要内在知识基础和相关经验的转化外，更多地要靠通过多方对话从外部渠道实现。学生愿意主动开展多方对话，就意味着增加了获得更多知识与经验的可能性。在单元学习过程中，我们力争为学生创造更多多方对话的机会，如根据学习建议进行的独立学习（与文本的对话）、小组和全班范围内的分享交流（与同伴和教师的对话）、对学习过程的自我反思（与自己的对话）等。

4. 深度性：促进学习效果的深度延展

虽然教师会根据学生的学情、课程内容的特点为学生提供必要的学习资源，设计一定的学习路径，也会对学生的学习效果进行预估，但是教师还是要处理好预设与生成的关系。在单元教学中，我们要最大限度地拓宽和延长学生学习的空间和时间。首先，在导入阶段，学生所提出的问题、梳理出来的学习目标很有可能是不完整的；在展开阶段，随着学习的不断深入，教师要善于指导学生加强总结和反思，将随时发现的新问题补充到学习任务单中。其次，在学生展开的多方对话中，非常有可能出现预设外的、学生关注的或者感兴趣的课程内容，出于对学生主体地位的尊重，只要其有利于学生的发展，并且与"单元"教学计划不冲突，就可以让学生进行适当的深入学习。最后，在整个"单元"最后总结和反思的过程中，学生可能又有新的发现，产生新的问题，这时教师要带领学生制作自己的"问题银行"，将问题进行梳理，可以根据需要进行灵活的调整，给学生继续探究的时间和空间，也可以留待日后进一步学习相关知识的时候再去解决。实际上，这样的学习已经让学生在学习过程中产生了深度思考，进而触发学生进行深度学习的愿望或者行动。

（二）单元教学流程

7的乘法口诀

【学习目标】

（1）能够根据情境中的已知信息提出数学问题，产生学习兴趣。

（2）能够动手操作、合作探究，自编并理解7的乘法口诀。

【学习重难点】

自编并理解7的乘法口诀。

【学习资料准备】

多媒体课件、学习卡片、评价卡片。

【学习方式】

学习方式和学习的具体内容如图1和表7所示。

> **自主学习**
> 学生围绕自编的乘法口诀，根据自主学习指南所提出的小方法，利用圈一圈、算一算等方法，自编并理解7的乘法口诀

（1）

> **深度学习**
> 围绕7的乘法口诀，首先对比加法和乘法两种计算方法，体会乘法的简洁；其次通过完成练习卡片进一步理解7的乘法口诀

（2）

> **对话学习**
> 在自主学习的基础上，首先，小组内的同伴对话交流，探讨7的乘法口诀的计算原理。其次，全班集体对话交流，目的是进一步对比加法和乘法，从而深入理解乘法的意义并能自编7的乘法口诀

（3）

图1　学习方式

表7 学习的具体内容

学习环节时间分配		学生学习活动（C）	教师指导、支援（T）	□评价要点 △评价方法
导入（6 min）	创设情境提出问题	C1：认真观察，积极思考，根据宝桑园情境图提出不同的数学问题。C2：尝试说一说、数一数、算一算。C3：在教师的引导下，对比、归类问题	T1：出示宝桑园情境图，引导学生发现数学信息和问题。T2：引导学生尝试说一说想怎样解决问题。T3：引导学生对所提问题进行归类	□能够发现数学信息和问题，并能够大胆、清晰地表达。□能够积极参与思考，并能够对问题进行归类。△观察法
展开（30 min）	初步感知展开（10 min）	C1：根据自主学习指南，用圈一圈、算一算等方法解决问题。C2：同桌交流解决问题的方法	T1：出示自主学习指南，组织学生探究解决问题的方法。T2：巡视指导	□能够自主探究解决问题的方法。□能够清晰地表达计算的过程。□能够积极参与集体对话交流，初步感知7的乘法口诀。△观察法
	深度理解（8 min）	C：以一个小组为核心，进行集体深度交流	T1：组织全班深度交流，板书加法及乘法算式	□能够自主编制、理解7的乘法口诀。△观察法
	迁移应用（12 min）	C1：运用所学知识解决问题，独立完成"练习卡"。C2：全班交流。C3：开展"想口诀，填得数"游戏	T1：出示"练习卡"，巡视指导。T2：组织学生交流。T3：出示题目	□能够正确背诵7的乘法口诀。△作业、自评
总结（4 min）	评价反思	C1：按照要求填写"自评卡片"。C2：分享自己的收获和体会	T1：出示"自评卡片"。T2：提问："这节课你有什么感想和收获？"	□能够客观地进行自评，积极主动地展示自己的收获。△自评、提问

【学习流程】

学习流程如图2所示。

（二）数学单元学习过程

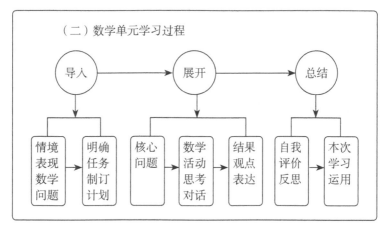

图2　学习流程图

【学习资源】

学习资源如图3、表8所示。

第六单元——7的乘法口诀　学习卡　二（　　）班　姓名_____

宝桑园里有一片桑树地，一行种7棵桑树。1个7　1×7=7
（　　）七得七

两行种了多少棵桑树？7+7=□（　　）个（　　）相加
2×7=□二七（　　）

三行种了多少棵桑树？_____（　　）个（　　）相加（　　）
×7=□（　　）

四行种了多少棵桑树？_____（　　）个（　　）相加（　　）
×7=□（　　）

五行种了多少棵桑树？_____（　　）个（　　）相加（　　）
×7=□（　　）

六行种了多少棵桑树？_____（　　）个（　　）相加（　　）
×7=□（　　）

七行种了多少棵桑树？_____（　　）个（　　）相加（　　）
×7=□（　　）

根据上面算出的结果完成下面的表格：

桑树的行数	1	2	3	4	5	6	7
桑树的棵数	7						

（1）

第六单元——7的乘法口诀　学习卡　二（　　）班　姓名_____

1. 想口诀，填得数。

$7 \times 2 =$　　　　　$7 \times 1 =$　　　　　$7 \times 3 =$

2. 看一看，比一比，再写得数。

$3 \times 7 =$　　　　$4 \times 7 =$　　　　$5 \times 7 =$　　　　$6 \times 7 =$

$2 \times 7 + 7 =$　　　$3 \times 7 + 7 =$　　　$4 \times 7 + 7 =$　　　$5 \times 7 + 7 =$

$4 \times 7 - 7 =$　　　$5 \times 7 - 7 =$　　　$6 \times 7 - 7 =$　　　$7 \times 7 - 7 =$

交流：你发现了什么？

3. 6个7比5个7多（　　），比7个7少（　　）。

（2）

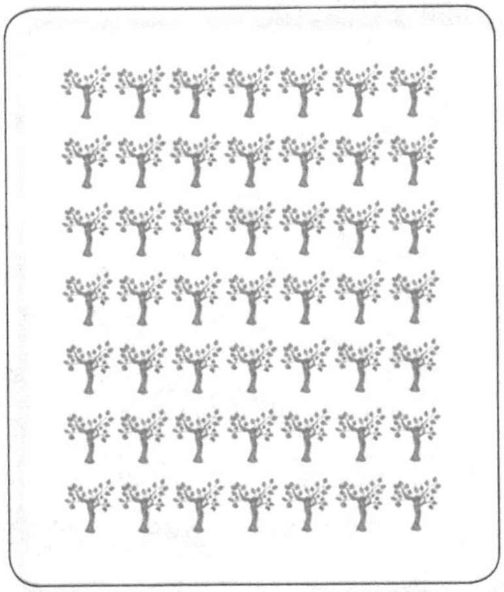

（4）

图3　学习资源图

表8　学习资源表

7的乘法口诀　自评价卡		
知识技能	你能编出7的乘法口诀吗？	能□　不完整□　不能□
	练习卡中的所有题都正确吗？	错0~2题□　错3~4题□　错5题以上□
数学思考	你在学习卡上圈一圈了吗？	圈了□　没圈□
	你与同伴主动交流自己的想法了吗？	有□　没有□
问题解决	你今天是否大胆提出问题了？	是□　否□
	你找到解决问题的方法了吗？	找到了□　没找到□
情感态度	你今天学得高兴吗？	很高兴□　一般□　不高兴□
	你今天有积极主动举手发言吗？	很积极□　一般□　没有□

"语言艺术"教学设计

【开发者】

来秀艺术培训中心、圆玄小学。

【适合年级】

1～3年级。

【课程目标】

（1）初期以锻炼学生的口语交际能力为主。

（2）后期主要培养学生的自信心，增加他们舞台锻炼的机会。

（3）综合提升学生的语言表达能力和舞台表现能力。

【课程内容】

（1）基本站、坐姿的练习。

（2）口部操和气息的练习。

（3）主课内容（诗歌、主持、朗诵、说唱、表演等）。

【课程实施】

（1）形象代入法：先激发学生学习的兴趣。

（2）教师示范法：让学生明白本节课学习的具体内容。

（3）集体学习、分组展示、个人展示。

【课程评价】

将学生日常学习的内容编排为节目，进行舞台展示。（图1）

图1　学生编排节目并进行舞台展示

"中国舞"教学设计（一）

【开发者】

六艺·悦恩、圆玄小学。

【适合年级】

1~5年级。

【课程目标】

（1）进行中国舞初级阶段基本功的学习和形体训练，按由低级到高级的顺序进行系统教学。

（2）让学生通过音乐学舞蹈，用肢体语言展现自己最美丽的一面。

（3）陶冶学生的情操，增强学生的空间想象力、创造力和表现力，提高学生的舞蹈文化艺术修养和审美能力。

【课程内容】

第一阶段：进行基本功训练、素质训练，学习中国舞考级组合。

第二阶段：进入技巧训练和身韵练习，培养表现力，学习剧目舞蹈。

第三阶段：进一步培养学生的舞蹈表现力，带领学生"走出去"，通过市赛、省赛、国际交流赛积累舞台经验。

【课程实施】

（1）课前热身运动，巩固基本功，教学新基础训练组合。

（2）以情景或故事导入，先让学生感受舞蹈所表达的情感，再进行教学。

（3）巩固教学内容，教师亲自指导，纠正错误动作。

【课程评价】

校本课程作为一种拓展性、研究性课程，使学生的特长能够得到充分发挥，让学习舞蹈的学生表现出自信，在舞台上用各种肢体语言表达自己的情感。学生的舞蹈展示如图1所示。

（1）

（2）

图1 学生的舞蹈展示

"中国舞"教学设计（二）

【开发者】

小脚尖、圆玄小学。

【适合年级】

1～5年级。

【课程目标】

（1）通过训练提高学生身体的灵活性与协调性。

（2）练习时动作与音乐保持一致。

（3）对动态的事物和动作有模仿兴趣，乐于参与集体活动。

（4）初步理解表情，了解舞蹈与音乐的密切关系。

（5）学会欣赏舞蹈。

【课程内容】

（1）形体训练，如站、坐等。

（2）基本功开度训练，如压等。

【课程实施】

教师引导学生在表演中加强合作交流，充分展现自我；掌握中国舞的概念，了解中国舞的相关知识。

【课程评价】

（1）同学之间的互相评价。

（2）以积分的形式奖励。

（3）汇报演出。（图1）

（1） （2）

图1 汇报演出

"粤剧"教学设计

【开发者】

优作教育、圆玄小学。

【适合年级】

1~5五年级。

【课程目标】

（1）让学生掌握粤剧的基本理论、历史发展架构及舞台表演的要领。

（2）以粤剧"四功五法"为基础，让学生习得粤剧的基本功与舞台表演内容。

（3）以粤剧古语"未学戏先学做人"为核心，正确引导学生，培养他们的艺术修养；让学生在学习过程中树立自立自强、吃苦耐劳、戒骄戒躁、积极进取等精神，并逐步提高学生对戏曲的兴趣，引领他们深刻感受中国传统艺术的魅力。

【课程内容】

（1）了解粤剧基本理论、历史发展、架构、舞台表演、艺术修养、"四功五法"以及传统道德文化。

（2）学习基本功与身段组合。

（3）唱功：首先学会听曲，用广东话读准每一个字，然后一句句跟老师学习。

【课程实施】

（1）示范动作，讲解要领。

（2）观看粤剧视频、图片。

（3）参加花都区粤剧讲座。

【课程评价】

（1）家长评价。

（2）学员评价。

（3）每学年评选"优秀小戏骨"。

（4）参加社区学校文艺展演。（图1）

（1）

（2）

图1　学生参加社区学校文艺展演

"吉他"教学设计

【开发者】

华星艺术、圆玄小学。

【适合年级】

1~6年级。

【课程目标】

（1）认知：了解与吉他相关的艺术理论、乐理知识，提高吉他鉴赏能力。

（2）能力：掌握吉他的演奏和欣赏技能。

（3）素养：培养音乐的感受、表现和欣赏能力，提高艺术修养和人文素质。

【课程内容】

（1）了解并掌握吉他弹奏的基本要领。

（2）学习圆滑音和各种修饰音的弹奏以及拨片的使用，进行实践练习。

（3）认识调式概念与重拍在扫弦中的运用，弹奏简易歌曲。

【课程实施】

（1）教师始终要求学生听觉的专注，十个手指在各自独立的前提下灵敏、积极地活动。

（2）教师指导学生将双手的不同动作与肢体协调配合。（图1）

图1　教师指导学生将双手的不同动作与肢体协调配合

【课程评价】

教师评价学生独奏或合奏的简易歌曲。（图2）

图2　教师评价学生独奏或合奏的简易歌曲

"街舞"教学设计

【开发者】

华星艺术、圆玄小学。

【适合年级】

1~3年级、4~6年级。

【课程目标】

（1）用系统化的知识将街舞中难懂的韵律传达给学生。

（2）培养学生的自我创新能力及独立能力。

（3）让学生在学会街舞技巧的同时，懂得街舞所蕴含的"尊重""团结""友爱"等正能量。

【课程内容】

（1）培养并提高学生身体对音乐的敏感度。

（2）排练齐舞。

（3）学习斗舞以及个人秀，传播正能量的街舞文化。

【课程实施】

（1）播放音乐及视频，了解街舞的形式和具体内容。

（2）教师讲解、示范基本动作、技巧及动作要领。

（3）学生领会，坚持练习。

【课程评价】

（1）将所学动作应用到随机音乐中进行即兴个人秀。

（2）跟随音乐进行简单的斗舞及齐舞排练。（图1）

（1）

（2）

图1 斗舞及齐舞排练

"拉丁舞"教学设计

【开发者】

华星艺术、圆玄小学。

【适合年级】

1～3年级、4～6年级。

【课程目标】

（1）塑造动作美、形体美和气质美。

（2）提高学生的灵敏性，提高学生的协调能力，增强学生的心肺功能，达到增强学生体质和提高学生健康水平的目的。

【课程内容】

教师讲解拉丁舞中恰恰舞的起源、节奏、脚法以及恰恰舞对手部和骨盆的一些动作要求。

【课程实施】

（1）播放音乐及视频，了解拉丁舞的种类和具体内容。

（2）教师讲解、示范基本动作、技巧及动作要领。

（3）学生领会，坚持练习。

【课程评价】

学生独立跟随音乐完成整个基本练习组合。（图1）

（1）

（2）

图1　学生独立跟随音乐完成整个练习组合

"小提琴"教学设计

【开发者】

华星艺术、圆玄小学。

【适合年级】

1~6年级。

【课程目标】

（1）学习怎样正确地演奏，按先易后难的顺序复习所学内容。

（2）熟练掌握持琴姿势，进行基本功的练习。

（3）保持正确的姿势，能够独立看谱演奏学过的曲子。

【课程内容】

（1）初步了解小提琴，学习正确的持琴姿势。

（2）左右手协调配合拉简单音阶。

（3）练习不同节奏的曲子，了解曲调和不同拍子的运用。

【课程实施】

（1）采用听、做、说、唱、玩、演、游等方式学习。

（2）以活动为核心，鼓励学生积极参与、大胆表现。

【课程评价】

能够集体合奏和独立演奏。（图1）

（1）

（2）

图1 学生集体合奏和独立演奏

"少年特种兵"教学设计

【开发者】

广州神鹰特种兵训练营、圆玄小学。

【适合年级】

4，5年级。

【课程目标】

（1）知识与能力：了解国旗护卫队的相关礼仪，执行学校国旗护卫队的相关任务；学习擒敌拳，强身健体，自我保护。

（2）过程与方法：专业教官结合专业的课程标准进行教学，将部队精神转化为符合青少年身心发展的训练课程。

（3）情感态度和价值观：在训练中加强对学生的爱国教育，帮助他们树立正确的人生观、价值观。

【课程内容】

（1）了解国旗护卫队相关常识和训练。

（2）进行擒敌拳的训练。

（3）穿插游戏互动，让学生在快乐中得到锻炼、在愉悦中领悟道理。

【课程实施】

（1）教官讲解、示范动作，让学生学习中国军人吃苦耐劳的精神。

（2）团队协作，互相进步。

【课程评价】

逐步接手学校的升旗任务，学习擒敌拳以强身健体，培养勇敢、坚强、自信的品格，按时参加升旗仪式。（图1）

图1　学生参加学校的升旗仪式

"快乐围棋"教学设计

【开发者】

东湖棋苑、圆玄小学。

【适合年级】

1，2年级。

【课程目标】

（1）了解围棋的来源，掌握围棋的基本规则和棋道礼仪。

（2）通过学习围棋，培养专注力、逻辑思维、记忆力、计算力和抗挫折能力。

【课程内容】

（1）围棋的来源——"尧造围棋"。

（2）围棋的基本规则——"打吃提长"、连接与分断、虎口、禁入点、打劫与"打二还一"等知识。

（3）围棋礼仪——夹棋手势、问候礼仪、对局礼仪、猜先礼仪等。

【课程实施】

（1）每周四至少开展一节正式围棋课，学生自带棋具。

（2）课堂教学方式多样，有视频教学、问答式教学、实战指导等。

【课程评价】

期末进行班内比赛，评选"优秀小棋手""礼仪小棋手"等。

"快乐象棋"教学设计

【开发者】

东湖棋苑+圆玄小学。

【适合年级】

1，2年级。

【课程目标】

了解象棋的棋文化、棋道礼仪，提高象棋水平。

【课程内容】

（1）了解象棋的棋文化、棋道礼仪，掌握各个棋子的走法和吃子方法等。

（2）学会棋谱的记录，规范开局，熟练掌握"重炮杀""闷宫杀""对面笑"等。

【课程实施】

（1）每周四至少开展一节正式象棋课，学生自带棋具。

（2）课堂教学方式多样，有视频教学、问答式教学、实战指导等。

【课程评价】

期末进行班内比赛，评选"优秀小棋手""礼仪小棋手"等。

"跆拳道"教学设计

【开发者】

延隆跆拳道馆、圆玄小学。

【适合年级】

1~6年级。

【课时数】

16。

【课程目标】

（1）让学生了解跆拳道文化，激发学生学习跆拳道的兴趣。

（2）培养学生坚忍不拔的品质，增强学生的自信心，让他们在跆拳道训练中学会感恩与自律。

【课程内容】

（1）理论知识：跆拳道的等级制度、礼仪规矩、分类、动作技术。

（2）热身训练：步法、体能与身体协调性训练。

（3）基本学习内容：基本手部动作、基本脚法技术。

（4）实践内容：动作与音乐结合的跆拳道舞。

【课程实施】

（1）在跆拳道兴趣班普及跆拳道教育。

（2）以文艺汇演等形式进行跆拳道文化推广。

（3）在"摆摊活动"中激发学生对跆拳道的兴趣，普及跆拳道知识。

【课程评价】

以舞台表演的形式进行学习汇报。（图1）

（1）   （2）

图1 以舞台表演的形式进行学习汇报

"彩铅绘画"教学设计

【开发者】

稀区美术、圆玄小学。

【适合年级】

4~5年级。

【课程目标】

让学生认识、理解彩铅画的艺术特色，了解彩铅画的基本表现技法，增强学生对绘画的兴趣，培养学生的形象思维能力和创造力，提升学生对事物的观察能力。

【课程内容】

彩铅画，是一种综合素描和色彩的绘画形式。它的独特性在于色彩丰富且细腻，可以表现出较为轻盈、通透的质感。

【课程材料】

（1）材料和工具。

（2）彩铅的种类。

（3）绘画技法（构图、上色、基本技法）。

（4）基本线条（排线、交叉线、平涂线）。

【课程实施】

（1）阶段性临摹静物、植物、动物等，难度逐渐提高。

（2）高级阶段进行写生，体验写生的乐趣。

（3）进行彩铅作品整合，展示学生作品。

【课程评价】

（1）作品具有流畅的线条、细腻的画风。

（2）可以构图、上色，灵活掌握基本技法。

（3）评选优秀作品，学生相互学习借鉴，学期末进行奖励。

"扎染"教学设计

【开发者】

稀区美术、圆玄小学。

【适合年级】

1~6年级。

【课程目标】

知识与技能目标：学习扎染的技巧与方法，探索不同的方式扎染出新效果。

过程与方法目标：学生在教师示范的基础上学习扎染方式并进行创新，展现不同的扎染效果。

情感态度与价值观目标：传承非物质文化遗产——白族扎染传统工艺，加强对中国民族文化的学习。

【课程内容】

（1）了解非物质文化遗产——白族扎染的相关知识。

（2）每节课都尝试运用不同的扎染技巧。

（3）应用学习到的扎染知识进行创作，展现出独特的扎染效果。

【课程实施】

（1）教师讲解示范扎染的基本方法与原理。

（2）学生分组进行操作，尝试用不同的方法扎染出不同的效果。

（3）学生分享与展示作品。

【课程评价】

通过各类活动，评选出"优秀之星""创新之星"。（图1）

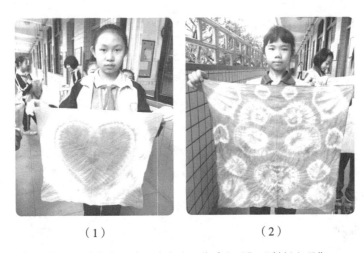

（1）　　　　　　　　（2）

图1　通过各类活动评选出的"优秀之星""创新之星"

"创意绘画"教学设计（一）

【开发者】

卓符、圆玄小学。

【适合年级】

1～5年级。

【课程目标】

（1）知识目标：通过美术课程区别和选择色彩进行绘画，学习和掌握色彩的基本知识。

（2）能力目标：通过观察、认知、体验进行写生训练，增强造型与表现能力。

（3）情感目标：通过一定的学习，适当地加入联想、装饰的因素，培养兴趣，营造美感，学会体会生活中的美，热爱祖国的美丽山河。

【课程内容】

（1）学习对称与均衡、调和与对比、节奏与韵律、多样与统一等组合原则。

（2）学会主体与背景、归纳与影绘、群体与组合、重复与变化等构图方式。

（3）通过观察、感觉、认知进行感觉写生训练。

（4）认识点、线、形等基本符号图像。

【课程实施】

（1）通过实物、图片、语言、音乐、生活化情景及美的环境等多种形式实施课程。

（2）教师进行导入及示范。

（3）学生发散思维进行练习与创作，认识点、线、形等基本符号图像。

【课程评价】

展示作品，推荐优秀作品参加全国、省、市、区比赛。

"创意绘画"教学设计（二）

【开发者】

稀区美术、圆玄第二课堂。

【适合年级】

1年级。

【课程目标】

绘画没有固定的要求，让学生尽情地表达自己的想法，从而不断提升自身的创新能力和主动思考的能力；通过富有趣味的方式让学生获得更多知识。

【课程内容】

（1）提高线条的流畅性和物体造型的发散性。

（2）学习颜色的搭配和一些故事性画面的描绘。

（3）同学间在学习课堂上要互相帮助、互相信任。

（4）学习一些名人名言和寓言故事由来方面的知识。

【课程实施】

（1）在课堂上做小游戏，让学生互相信任、互相帮助。

（2）在完成作品后，让学生上台展示，分享自己的作品。

（3）让学生收集寓言故事，然后互相分享。

【课程评价】

评选"小画家""创意绘画者"。（图1）

（1）　　　　　　　　　（2）　　　　　　　　　（3）

（4）

图1　评选"小画家""创意绘画者"

"动漫"教学设计

【开发者】

稀区美术、圆玄小学。

【适合年级】

1~6年级。

【课程目标】

（1）知识与技能目标：学习动漫人物的起型技巧与人物比例、动态等。

（2）过程与方法目标：教师示范绘画人物局部以及整体，然后学生临摹和创作，展现出不同的效果。

（3）情感态度与价值观目标：了解不同类型的动漫以及不同国家不同风格的动漫有哪些差异，了解中国传统动画的特色。

【课程内容】

（1）掌握动漫人物的基本理论知识点。

（2）每两节课临摹一张画。

（3）临摹完人物后，设计背景。

【课程实施】

（1）教师讲解、示范人物起型的原理与基本方法。

（2）学生选图片临摹，然后在此基础上创作，添加一些不一样的元素。

（3）学生分享与展示作品。

【课程评价】

评选"优秀动漫者""创新小明星"。（图1）

（1）   （2）

（3）   （4）

图1　评选出的"优秀动漫者""创新小明星"

"国画"教学设计

【开发者】

稀区美术、圆玄小学。

【适合年级】

1~6年级。

【课程目标】

通过不同的绘画方式和工具让学生了解绘画的多种形式，锻炼学生的想象力、专注力、绘画能力等。

【课程内容】

（1）学习基本形态和颜色搭配。

（2）学习课程内容的相关知识，如创作背景。

（3）感受线条和图形的变化。

（4）在课堂中互帮互助，培养团结友爱的精神。

【课程实施】

（1）在课堂上通过不同方式引导学生，让学生感受美术趣味。

（2）在完成作品后，让学生上台展示，分享自己的作品。

（3）让学生与家长分享自己的创作思维。

【课程评价】

评选"优秀小画手"。（图1）

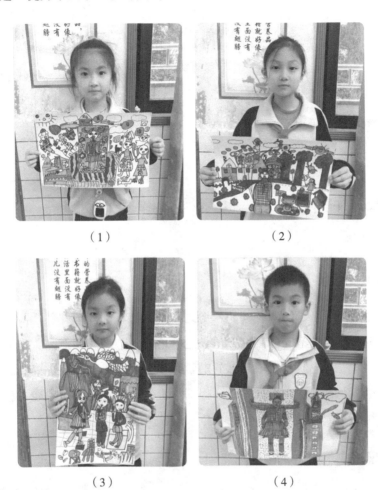

（1）　　　　　　　　　（2）

（3）　　　　　　　　　（4）

图1　评选"优秀小画手"

"创意陶艺"教学设计

【开发者】

稀区美术、圆玄小学。

【适合年级】

1~6年级。

【课程目标】

学生通过网络了解陶艺的艺术形式和基本特点，理解并熟悉陶艺的制作流程，能根据陶艺不同的制作方法创造性地制作小型陶艺作品；掌握陶艺泥条成型的方法，并通过以后几课时的学习掌握泥板成型和徒手捏制的方法，以此培养学生的自信心和成就感，提高学生的动手能力、想象能力和创造性思维能力，激发学生的艺术学习兴趣，增强学生的民族自豪感。

【课程内容】

（1）学习盘泥条的方法并配合主题运用到实际课堂中。

（2）学习搓泥板成型的方法并配合主题运用到实际课堂中。

（3）学习徒手捏制的方法并配合主题运用到实际课堂中。

【课程实施】

一节课创作一个主题作品，作品主题设计由单个物体逐渐扩展到多个物体乃是整个场景，学生从单个造型理解设计逐步提升为空间组织设计。

【课程评价】

学生在学习的过程中自己动手感受陶艺的乐趣，陶泥的高可塑性使学生能更大胆地表达自己的想法，从而激发出源源不断的新灵感，还可以提升学生的造型能力，让学生边玩边学。

评选"优秀作品""动手小能者"。（图1）

（1）　　　　　　　（2）　　　　　　　（3）

（4）

图1　评选"优秀作品""动手小能者"

照顾自己、日常生活技能与
保护自身安全的能力

——居家劳动

【活动内容】

中共中央、国务院印发的《关于全面加强新时代大中小学劳动教育的意见》特别强调："家庭要发挥在劳动教育中的基础作用……家庭要树立崇尚劳动的良好家风，家长要通过日常生活的言传身教、潜移默化，让孩子养成从小爱劳动的好习惯。"一个家庭是命运相关的共同体，是同甘共苦的社会生活组织，每个家庭成员都应该为这一共同体做贡献。

为深化劳动实践教育，号召全体学生学习劳模精神、工匠精神，圆玄小学制订并落实了《2022年寒假劳动实践活动方案》，动员学生利用寒假开展家庭劳动以感激父母，体验生活；结合学科特长参与生产劳动和服务性劳动，在劳动实践、志愿服务等活动中培养正确的劳动价值取向，增强对劳动人民的情感，树立奉献社会，报效祖国远大志向。

【操作方法】

（1）学生对照任务清单每天进行劳动打卡。

（2）学生在任务清单上进行"自我评价"（每周一评价），根据劳动参与和劳动技能掌握情况分别打星（偶尔参与打1星，经常参与打2星，每天参与打3星；基本掌握打1星，熟练掌握打2星，展示分享打3星）。

（3）家长做好监督，根据孩子的表现每周进行整体评价，做劳动情况小结。

（4）开学初将《劳动能手成长记录册》交给班主任并进行班级评比。

【活动展示】

劳动的你最美，让我们一起努力吧！

体育强，则中国强。体育承载着国家强盛、民族振兴的重任。2021年寒假，圆玄小学体育老师为学生量身制订了《"塑强健体魄，做阳光少年"争章活动方案》，掀起了家庭体育锻炼的热潮。全体队员用实际行动践行"寒假动起来，开学更精神"的运动理念。四（八）班学生还在学校举办了首届寒假亲子运动会。

所有家庭都动起来了！父母的参与，让孩子们更加敢于面对挫折，更加乐于冒险。亲子运动不仅锻炼了学生的意志，还促进了学生与父母的感情交流。（图1）

（1）　　　　　　　（2）　　　　　　　（3）

（4）

图1　亲子活动精彩瞬间

文化素养、沟通与自我表达的能力

——社区文化学习

【活动要求】

为进一步促进学生综合素质的全面提升，促进未成年人思想道德建设工作落到实处，充分发挥学生学习、探究的主动性，学校要求全体学生利用寒假时间，用研究性学习、参观考察、体验探究等方式，积极开展以"探寻红色足迹、传承红色基因"为主题的研学实践活动，在增长见识、拓宽视野的同时，浸润心灵，传承红色文化，弘扬爱国精神。学生感受良多，以日记的形式记录了学习过程和心得体会。这一实践活动的目标是让学生对革命先烈的事迹有更深入的了解，同时增强学生对党的热爱之情。

【操作方法】

（1）拍摄一张参观红色教育基地的照片。

（2）将自己参观学习的所见所闻、心得体会记录下来，形式不限，可以是绘画、手抄报、作文、红色故事视频等。

（3）完成打卡任务后，将作业发到班级群进行分享，开学初带回学校进行评比。

【活动展示】

参观花都区红色教育基地（表1、图1）。

表1　花都区红色教育基地参观情况

单位	地址	备注
广州民俗博物馆	广州市花都区新华街三华村107国道旁	圆玄小学 结对共建单位
中国工农红军第四师历史展陈	广州市花都区花山镇花城小学	
花县第一届农会旧址	广州市花都区花东镇 九湖村王氏大宗祠	
洪秀全故居	广州市花都区秀全街大墈村官禄㘵	星期一闭馆
洪秀全纪念馆	广州市花都区秀全街大墈村官禄㘵	星期一闭馆
花都区气象天文科普馆	花都区花城街平石东路1-30号	
花都革命烈士陵园	花都区新华街体育路7号	

图1　花都区红色教育基地参观留念

多元识读能力和信息技术能力

——班级网络春晚

"双减"后的第一个寒假，我校各班级按照德育处的假期指引，为学生设计了丰富多彩的寒假实践活动，满足了学生个性化发展需求，为学生的全面发展提供了良好的学习氛围和成长空间。

喜迎虎年线上春晚，云端直播班级盛会。

在中华民族传统佳节——春节来临之际，一年级的老师、同学们和家长们相约云端，举办了一场视听盛宴——"线上朗诵"。班主任老师以别具一格的"主播在线"形式组织了这次活动，经过多次"线上彩排"（图1），全新的展现形式令人耳目一新。

图1　线上彩排

三年级设计的"班级新春音乐会"与一年级的"线上春晚"有所不同。由班级社团负责人（社长）负责策划，家委负责联络，在学生和家长的积极响应和大力支持下，2022年音乐会拉开帷幕，孩子们在音乐会（图2）上对亲爱的爸爸妈妈和老师表示感谢。这样的音乐会给了孩子们走进音乐殿堂的机会，它将成为孩子们童年里最美好的回忆。

（1）　　　　　　　　　　　（2）

图2　班级新春音乐会

五年级学校民乐团的同学参加了区融媒体中心2022花都区少儿春节联欢晚会的《红歌联奏》节目（图3）。从受邀之日起，学生们每天都按时参加排练，旨在更好地展示圆玄小学民乐团的风采。节目展现出了学生们高超的演奏技巧和向阳、向上、向善、向美的气质，精彩的演绎赢得了高度评价，该节目被推送至《学习强国》栏目并播出。

（1）　　　　　　　　　　　（2）

图3　五年级学校民乐团的同学参加《红歌联奏》节目

思考与学习的能力

——当汉字遇上春节，语文也变得妙趣横生

寒假正赶上春节，春节是中华民族最隆重的传统佳节，蕴藏着丰富多彩的汉字文化，巧妙地将两者融合便能使传统的寒假作业变得充满趣味性、实践性、探究性。

1. 阅读中亲近汉字

春节习俗是语文教材内容的拓展延伸，将两者巧妙融合会使学习变得趣味盎然。

2. 践行中玩转汉字

在春节期间，学生通过搜集、模仿、创编祝福短信给自己的长辈拜年。这既能锻炼学生的语言表达能力，又能提高他们的交际能力，还能培养他们的情商。

3. 研究中解密汉字

教师要求学生研究自己的姓氏并制作手抄报。学生在研究过程中，为揭开自己姓氏的神秘面纱，学到了大量的历史知识、科学知识等。

学生制作的姓氏手抄报如图1所示。

图1 学生展示姓氏手抄报

参与、影响和构建可持续发展未来的能力

——展作业秀风采，经验交流齐喝彩

实验班从课程评价和保障入手，建立了假期作业公示制度，通过微信公众号等方式"晒"寒假作业；假期结束后，构建综合评价体系，形成寒假课程建设长效机制。

假期结束后，教师通过小组分享、全班交流、全班展示、优秀作品布展等方式构建多元评价体系，促进寒假作业的深化与延伸，既有动态的展示、跟踪、反馈，注重过程性的分析、调整、指导，也有总结性的集中评价。这样才能让学生真切感受到"特色作业"带来的不一样的效果。

1. 召开班会，帮助学生制订寒假作业计划

不确定的作业会引发学生的畏难情绪。假期开始前，引导学生对假期作业进行规划，确保学生知道作业的具体做法。当学生感觉作业"失控"时，会对假期作业产生排斥，从而选择拒绝完成作业。

2. 每周按时开展"学科大比拼"，延续良好的学习秩序感

小学生日常生活围绕着学校运转，每天完成的任务、关注的事物也都来源于课堂。寒假的生活模式打破了学校生活的秩序感，而稳定的过程性抽查可以增强假期生活的秩序感，为学生保持良好的学习习惯提供保障。

3. 采用多元化评价方式，肯定学生自我管理的努力

通过教师评价、学生小组内互批互评等方式，可以保证学习最重要的"即时奖励"和"即时修改"，激发学生的学习动力。

4. 交流心得体会和经验，助力学生新学期的学习

每周的"学科大比拼"擂主都要提交一份自己的"成功秘籍"，同学们通过这些展示（图1）学习榜样的经验，为同学喝彩，为自己加油！

（1）

（2）

（3）

图1　"成功秘籍"展示

工作生活能力与创业精神

——精彩春节

春节期间有好多好看的、好玩的、好吃的，如"行花街"、做贺年食品、大扫除、办年货、吃年夜饭……请同学们完成春节主题活动记录卡，并附上一张照片，把美好的瞬间记录下来。开学后我们一起分享精彩的春节吧！

【主题】

我的寒假——寻找年味。

【活动目的】

为了让学生在寒假期间深刻体会和感受我国的春节文化，教师专门设计了一些活动以帮助他们寻找过年的"味道"。

【活动内容】

参加实践活动，寻找年味。

（1）制作年货：过年的煎堆、油角、蛋散、饺子、马蹄糕……

① 活动形式：可以个人、家庭完成，也可以小组合作完成。

② 记录制作过程：包括时间、地点、参与人、准备材料（分工）、制作工序、成品展示、活动中遇到的困难，分享感受，同时认真记录附录中的制作年货表（表1）。

③ 记录方式：海报、视频、手抄报。（海报、手抄报需要图文并茂）

（2）逛春联市场，实地观察春联的种类，收集春联，了解贴春联的习俗要求，同时认真记录附录中的写春联表（表2）。

①活动参与形式：个人或小组合作。

②认识方式：实地观察、采访、查阅资料。

③记录方式：海报、视频、手抄报。（海报、手抄报需要图文并茂）

（3）逛花市。不同年花有不同含义，了解过年最受欢迎的年花，同时认真填写附录中的逛花市记录表（表3）。

①活动参与形式：个人或小组合作。

②认识方式：实地观察、采访、查阅资料。

③记录方式：海报、视频、手抄报。（海报、手抄报需要图文并茂）

（4）制作祝福视频，为家长和老师送上真挚的祝福，老师将会在过年时在班级群里播放孩子们的祝福视频。

【活动汇报与评价】

（1）家长与学生制作美篇、海报、手抄报等，视频剪辑好发至小组群展示，下学期开学初在班级展示，学生投票评比。

（2）奖项：最佳创作奖、最出色小组奖、最佳活动奖、最有意义奖。

（3）作业完成方式：可选择小组完成，2～4人一组递交一份或一份以上作业，也可个人独立完成。作业份数不限，均参与评奖。质优者获奖。

（4）学生可以充分发挥自己的优势，把作业做得形式多样、内容丰富。

手抄报纸张规格：A4纸。

海报纸张规格：A3纸。

【活动汇报】

（可选做）

寒假期间回老家过年或外出旅游感受异地过年气氛的学生，可以用本学期学的导游词介绍当地的过年习俗。用视频、美编或作文的形式汇报。

附：

表1　制作年货表

制作年货		
活动形式	个人、家庭	小组合作
制作过程 时间		
制作过程 地点		
制作过程 参与人		
制作过程 准备材料（分工）		
制作过程 制作工序		
成品展示	贴图	贴图
活动中遇到的困难		
你的感受		

表2　写春联表

活动号召人：＿＿＿＿＿＿　　　参与人：＿＿＿＿＿＿

时间 ＿＿＿＿＿＿　　集中地 ＿＿＿＿＿＿　　交通工具 ＿＿＿＿＿＿

记录你的感受：

春联一：

春联的寓意：

春联序号	寓　意
春联一	
春联二	
春联三	
春联四	

你还知道其他关于春联的知识吗？

表3　逛花市记录表

活动号召人：_____　　参与人：_____

时间 _____　　集中地 _____　　交通工具 _____

一、在花市中你看到了哪些年花？

其中你最喜欢

二、什么年花最受欢迎？

获知途径

采访
预设的问题
1.
2.
3.

三、年花的含义

年花的名称	寓　意

可用美篇的形式呈现。

四、逛花市

五、花絮

第三章

教学评价

评价方案

学段：小学

学科：语文

学校：广州市花都区圆玄小学

标题：二年级下册第七单元

成员：张兰、肖乐、张晓薇、朱晓莉、王春蕾

对于作业设计与实施案例，下面以语文二年级下册第七单元为例进行说明。

一、确定课程目标

一是通过课程标准、课程内容和调查研究，了解学生的现状，把学生的现状与可接受的常模做比较，从中找出差距。这种差距就是学生的需要。二是用至善教育的办学思想和学习理论对已选择出来的目标进行筛选。三是陈述教育目标。

（一）课标要求分析

1. 课标分析

二年级下册第七单元以"改变"为人文主题，从4篇有趣的童话故事入手，让学生从妙趣横生的故事情节中体验"变化"给人带来的思考。"借助提示讲故事"是本单元的阅读训练要素。《义务教育语文课程标准（2022年版）》对该单元的课程目标、学习任务、学业质量等方面要求如下：

（1）课程目标：第一学段"阅读与鉴赏"第3条"阅读浅近的童话、寓言、故事，向往美好的情境，关心自然和生命，对感兴趣的人物和事件有自己的感受和想法，并乐于与他人交流。"第一学段"表达与交流"第2条"听故事、看影视作品，能复述大意和自己感兴趣的情节。能较完整地讲述小故事，能简要讲述自己感兴趣的见闻。"

（2）学习任务：第一学段"发展型学习任务群"第4条"学习有关中华优秀传统文化的短文，将读到、听到、看到的故事讲给他人听。"第一学段"拓展型学习任务群"第3条"阅读自己喜欢的童话书，想象故事中的画面，学习讲述书中的故事。"

（3）学业质量：第一学段"喜欢阅读图画书、儿歌、童话、寓言等，在阅读过程中能根据提示提取文本的显性信息，通过关键词句说出事物的特点，作简单推测；能借助关键词句复述自己读过的故事或其他内容，尝试对阅读内容提出问题；愿意向他人讲述读过的故事，乐于向他人展示自己的作品；喜欢积累优美的词句，并尝试在口头和书面表达中运用。"

《义务教育语文课程标准（2022年版）》对作业评价的建议如下：

作业评价是过程性评价的重要组成部分，作业设计是作业评价的关键。教师要以促进学生核心素养发展为出发点和落脚点，精心设计作业，做到用词准确、表述规范、要求明确、难度适宜；要合理安排不同类型作业的比例，增强作业的可选择性；要严格控制作业数量，用少量、优质的作业帮助学生获得典型而深刻的学习体验；要认真批改学生作业，针对学生素养水平和个性特点提出意见，及时反馈和讲评，激发学生的学习热情，保护学生的自尊心，尊重学生的个性差异；要对学生作业进行跟踪评价，梳理学生作业发展变化的轨迹，及时反馈不同阶段作业质量的整体情况。

2. 功能地位及前后联系分析

对于"借助提示讲故事"的训练，教材从二年级下册就开始进行一些有意的安排（表1）。

表1 "借助提示讲故事"训练在教材中的安排

课 文	呈现方式	要 求	要 点
3.开满鲜花的小路	泡泡提示	借助插图，讲讲这个故事	借助图片讲
4.邓小平爷爷植树	课后练习	借助插图，说说邓爷爷植物的情景	借助图片讲
6.千人糕	课后练习	借助插图，说说米糕是经过哪些劳动才做成的	借助图片讲
14.小马过河	课后练习	试着用上下面的词语，讲讲这个故事（12个词语略）	借助词语讲

课 文	呈现方式	要 求	要 点
19.大象的耳朵	课后练习	画出课文中大象的话，说说大象的想法是怎么改变的	借助关键句子讲
20.蜘蛛开店	课后练习	根据示意图讲一讲这个故事（示意图略）	借助示意图讲
22..小毛虫	课后练习	小毛虫经历了哪些变化？画出相关词句，借助提示讲讲这个故事（提示词句及图片略）	借助图文讲
25.羿射九日	课后练习	根据表格里的内容，讲一讲这个故事（表格略）	借助表格内容讲

本单元的语文要素是"借助提示讲故事"，对于二年级的学生来说，"绘声绘色地讲故事"需要建立在对文本充分理解的基础上。童话来源于生活，本单元中童话的主人公都是被赋予了人物形象的动物，它们具有人的特征，与学生的实际生活存在众多的联结点，教学时我们可以借助这些联结点进行"提示"，帮助学生深化理解。

（二）学情分析

1. 学生认知水平和能力状况

低年段学生年龄小，认知能力有限，讲故事的时候容易出现偏题、遗漏的现象，因此教师可以引领学生借助提示，对故事内容进行梳理，理清故事情节的顺序，搭建讲故事的支架，使学生在提示的引导下能够完整地把故事讲述清楚。关于"改变"的话题，对二年级学生而言较难理解。教学时，教师注意不要空泛地讲道理，要让学生走进这些具体的故事，从中体会其蕴含的道理。

2. 学生存在的问题与障碍

（1）学生对作业的形式感到乏味，单一的读、写、抄单调重复。课堂教学脱节，课上教的内容与课后作业的关联性不强，作业复杂却低效的情况普遍存在。

（2）学生层次不一样。面对统一布置的作业，学有余力的学生"吃不饱"，私自"囫囵吞枣"，没有完整的作业规划和知识架构；而学习较为困难的学生则感到吃力，没有学习动力。

（3）小学低年段语文作业内容空泛，完成作业的时间和空间不够开放，缺乏选择性，学生不够自主，"因材施教"得不到体现。

（三）作业目标设计

单元作业目标从识字写字、阅读、实践表达三个方面来确定。

（1）正确、流利、有感情地朗读课文。

（2）朗读感悟，理解课文内容，并知道本单元四篇童话故事蕴含的道理。

（3）识字写字，认识66个常用汉字，能正确书写"扇、兔、慢、遇、安、根、痛、最、店、决、定、商、织、终、完、围、期、蛙、卖、搬、倒、籽、泉、破、应、整、抽、纺、织、编、怎、布、消"33个生字。

（4）在会写生字的基础上，能熟练地进行生字扩词、造句。

（5）懂得从童话故事中获得深刻的感悟。

（6）能把故事讲给别人听，积累人生哲理。

二、根据目标选择评价内容

根据泰勒提出的五条选择学习经验的原则，总结出以下几点结论：

（1）为了达到某一目标，学生必须具有使自己有机会实践这个目标所隐含的那种行为的经验。

（2）学习经验必须使学生因实践教育目标所隐含的那种行为而获得满足感。

（3）学习经验所期望的反应是在学生力所能及的范围之内的。

（4）有许多特定的经验可用来达到同样的教育目标。

（5）同样的学习经验往往会产生几种结果，因此我们确定了以下评价内容。

学习准备

① 我能读准本单元的课文：《大象的耳朵》《蜘蛛开店》《青蛙卖泥塘》《小毛虫》

② 我喜欢课文《　　　　》，因为＿＿＿＿＿＿＿＿＿＿＿＿＿

③ 读了这个单元的课文，我最想提出的问题是：＿＿＿＿＿＿＿＿

④ 我已经读了不少童话故事，我打算在故事大会上讲出来。

⑤ 这个单元我打算读这些书（表2）。

表2　本单元我的读书计划

19.《大象的耳朵》				
作业类别	作业内容	作业分析与设计意图	评价设计	时长
课前作业	◎预习小能手 1.你能读正确吗？ 耷拉　竖着　竹竿　头痛　心烦　跳舞 2.请圈出加点字的正确读音。 大象有一对大耳朵，像扇（shàn shān）子似（shì sì）的耷拉着。 大象只要把他的大耳朵一扇（shàn shān），就能把虫子赶跑。 3.大象先后遇到了哪几个小动物？请你按照先后顺序为它们排排队吧。 ①小羊　②小马　③小兔子　④小鹿　⑤小老鼠	预习时，让学生对课文中的难认字、易错音有意识地加以记忆。能找出课文中的主要人物，知道文章的主要内容	同桌互评： 字音正确（☆） 排序正确（☆）	1分钟
课中作业	◎小小书法家： 认真书写田字格中的生字，并与同桌互评	书写习惯是低年段重点关注的，因此书写作业不仅要关注内容，还要关注书写姿势	自评加互评： 姿势正确（☆） 书写正确（☆） 结构美观（☆）	10分钟
	◎小小朗读者 1.能把课文读正确、流利。 2.能根据课文内容，读好问句	学生在读正确、读流利课文的过程中，能做到以读促悟，在读中感悟，更好地把握朗读语气	同桌互评： 读正确（☆） 读流利（☆） 读好心情变化（☆）	10分钟
	学习任务一：整体感知，理清脉络。 1.自由读课文，读通顺，难读的句子多读几遍。 2.圈出课文中出现的小动物。 3.用横线画出大象说的话，借助提示说说课文的主要内容。	梳理线索，让学生对文本形成整体认知	自评： 能读流利（☆） 能说清楚（☆）	10分钟

	19.《大象的耳朵》			
作业类别	作业内容	作业分析与设计意图	评价设计	时长
课中作业	"我生来就是这样啊。" "他们都这么说，是不是我的耳朵真的有毛病啦？我得让我的耳朵竖起来。" "我还是让耳朵耷拉着吧。人家是人家，我是我。" 提示： 大象、小兔子、小羊、小鹿、小马、小老鼠			
	学习任务二：分角色读好课文。 画一画：默读课文第2~8自然段，用横线画出其他小动物的话。 读一读：和同桌练读，读好语气词"咦、呢"。 问一问：小鹿、小马、小老鼠又会怎么问？选择一种小动物，和同桌互相问一问	学生在感知课文后，能借助关键词理解故事里的角色，用恰当的语气读好课文，读好问句	同桌互评： 声音洪亮 （☆） 语气恰当 （☆） 问句语调上扬 （☆）	5分钟
	学习任务三：理解大象的改变。 默读课文第9~13自然段。 画一画：听了大伙儿的议论后，大象是怎么做的？又有什么影响呢？用双横线画出来。结合前面的内容，和小组成员一起完成表格。 大象的耳朵 撑起来（竖着）｜有小虫子飞进跳舞吵｜又头痛，又心烦 放下来（耷拉着）｜虫子飞不进一扇赶跑｜舒服 说一说：结合表格，说一说大象的想法是怎么改变的。 想一想：大象以后还会再把耳朵竖起来吗？为什么呢？	借助表格帮助学生直观感受大象的变化，让学生理解大象的改变	同学互评： 表格信息完整 （☆） 能说清楚改变的过程和结果 （☆）	5分钟
课后作业	必做： 1.给家人讲一讲《大象的耳朵》这个故事。 2.好书推荐阅读：《冰波童话》。 选做： 这个有意思的故事可以读，也可以演，还可以画。你可以试着和你的好朋友演一演这个故事，也可以拿起画笔，给故事中出现的每一组对话绘制一幅插画	激发学生阅读童话故事的兴趣，巩固他们讲故事的能力，提升他们的学科融合能力	家长评价： 声音洪亮 （☆） 内容完整 （☆） 想象奇妙 （☆）	15分钟

	20.《蜘蛛开店》			
作业类别	作业内容	作业分析与设计意图	评价设计	时长
课前作业	1.完成常规预习并自评： 我读课文时能做到（□正确 □流利 □有感情），（□完全能 □部分能）做到给每个会写字组2个词，并想办法记住这些字。 2.根据课文内容连线。 第一次　卖围巾　长颈鹿　脚多 第二次　卖袜子　蜈蚣　嘴巴大 第三次　卖口罩　河马　脖子长	课前预习有助于学生初步了解字词与课文内容，为课堂作业奠定基础	自评： 连线正确 （☆）	15分钟
课中作业	◎小小互评员 同桌互相读词语，并评一评。 商店　蹲在　寂寞　口罩　编织　顾客 付钱　工夫　交换　袜子　匆忙　蜈蚣 长颈鹿　决定　终于　完成　星期	词语互读环节可以检测学生的认字和字音掌握情况	同桌互评： 字音正确 （☆）	1分钟
	◎小小书法家 认真书写田字格中的生字，并与同桌互评	书写习惯是低年段教学重点关注的，因此书写作业不仅要关注内容，还要关注书写姿势	自评加教师评： 正确书写 （☆） 书写美观 （☆） 姿势正确 （☆）	10分钟
	◎小小朗读者 1.我会把课文读正确、流利。 2.我能根据课文内容，体会蜘蛛的想法，读出蜘蛛心情的变化	学生在读正确、读流利课文的过程中，能做到以读促悟，在读中感悟，更好地把握朗读语气	同桌互评： 读正确 （☆） 读流利 （☆） 读好心情变化（☆）	10分钟
	◎小小合作者 小组合作完成学习单，推荐代表汇报学习成果。	新课程标准提倡"自主、合作、探究"的学习方式，提倡使学生	小组评价： 能分享 （☆）	10分钟

	20.《蜘蛛开店》			
作业类别	作业内容	作业分析与设计意图	评价设计	时长
课中作业	学习小提示： 1.默读课文，了解蜘蛛开"口罩编织店""围巾编织店"和"袜子编织店"的过程。 2.围绕表格中的四个问题在小组内交流。 3.梳理意见并记录，推荐代表全班交流。 <table><tr><td>问题</td><td>口罩编织店</td><td>围巾编织店</td><td>袜子编织店</td></tr><tr><td>卖什么？</td><td></td><td></td><td></td></tr><tr><td>招牌是什么？</td><td></td><td></td><td></td></tr><tr><td>顾客是谁？</td><td></td><td></td><td></td></tr><tr><td>结果怎样？</td><td></td><td></td><td></td></tr></table>轮流说说，蜘蛛开店为什么失败了呢？	在体验性和实践性学习中，实现知识与技能、情感态度与价值观的提升	会倾听（☆）	10分钟
	 ◎小小故事王 能根据示意图讲一讲《蜘蛛开店》的故事	学生在学习感知课文后，能通过示意图和四个问题的提示讲清楚故事内容	同学评价： 声音洪亮（☆） 内容完整（☆） 绘声绘色（☆）	5分钟
课后作业	◎小小编剧：蜘蛛接下来又会发生什么事呢？我能根据问题提示，续讲故事，并请家长评价。 问题提示： 接下来蜘蛛和蜈蚣会发生什么事情？ 蜘蛛接下来又会想卖什么，又会遇到什么动物？ 蜘蛛可能会反思自己，他会做出什么改变，又会遇到什么事情？ 如果蜘蛛放弃开店，又会遇到什么事情？ 关于蜘蛛的故事，你还有什么新的想法？	引导学生结合课堂学习、课后感悟和思考，续编故事并分享。学生由第三视角切换为第一视角，更能体会故事角色的想法	家长评价： 声音洪亮（☆） 内容完整（☆） 想象奇妙（☆）	5分钟

看见
美丽的**风景**
——基于『至善教育』理念的学校课程图谱建构研究

	21.《青蛙卖泥塘》			
作业类别	作业内容	作业分析与设计意图	评价设计	时长
课前作业	◎好书推荐阅读：《月亮生病了》 1.完成常规预习并自评。 我读课文时能做到（□正确 □流利 □有感情），（□完全能 □部分能）做到给每个会写字组2个词，并想办法记住这些字。 2.根据课文内容说一说。 青蛙在卖泥塘的过程中遇到了哪些小动物?	让学生初步了解课文内容，自主学习课文中的生字词	同桌互评：能正确说出小动物的名称（☆）	10分钟
课中作业	◎小小互读员，荷塘迷宫寻。 同桌互相读词语	主要考查学生对单元基础性知识的了解和掌握，巩固生字词的拼读	同桌互评：字音正确（☆）	3分钟
	◎小小书法家 认真书写田字格中的生字，并与同桌互评	书写习惯是低年段教学重点关注的，因此书写作业不仅要关注内容，还要关注书写姿势	教师评价：书写正确（☆）书写美观（☆）姿势正确（☆）	5分钟
	◎小小朗读者 1.我会把课文读正确、流利。 2.我能根据课文内容，体会青蛙和其他动物的想法，分角色读好课文	学生在读正确、读流利课文的过程中，能做到以读促悟，在读中感悟，更好地把握朗读语气	同桌互评：读正确（☆）读流利（☆）读好角色语气变化（☆）	

21.《青蛙卖泥塘》

作业类别	作业内容	作业分析与设计意图	评价设计	时长
课中作业	◎小小合作者 小组合作完成学习单，推荐代表汇报学习成果。 学习小提示： 1.默读课文，说一说，青蛙为卖泥塘做了哪些事？ 2.青蛙的吆喝吸引了哪些小动物？他们都说了什么？ _____说缺了点_____，因为_____ _____ 3.分角色讲演故事第1～8自然段。 （1）分角色：旁白、青蛙、老牛、野鸭。 （2）提示：旁白要营造故事氛围	通过合作，借助任务提示，了解文本内容，并通过合作朗读、讲演，体会故事主旨	小组评价： 能分享 （☆） 会倾听 （☆）	
	◎小小故事王 1.想象一下，狐狸会说些什么呢？还有其他的小动物来吗？他们又会说些什么？ 2.与其他小组合作，分角色讲演故事。 10人一组分配角色：小动物8人、旁白1人、导演1人，讲演整个故事	本题主要考查本单元语文要素"体会人物情感，读出恰当的语气"	家长评价； 声音洪亮 （☆） 内容完整 （☆） 绘声绘色 （☆）	15分钟
课后作业	★小小售货员（打"★"为选做题目） 如果向同学推荐一样东西，如一本书、一种文具，你会说些什么？ 我推荐的东西是_____ _____ 推荐阅读：《小鹿斑比》《狐狸的钱袋》	本题是选做题目，体现作业的分层设计	家长评价： （☆） 教师评价： （☆）	15分钟

22.《小毛虫》

作业类别	作业内容	作业分析与设计意图	评价设计	时长
课前作业	1.完成常规预习并自评。 我读课文时能做到（□正确 □流利 □有感情），（□完全能 □部分能）做到给每个会写字组2个词，并想办法记住这些字。	让学生初步了解课文内容，自主学习课文中的生字词	自评： 填空正确 （☆）	10分钟

美丽的**风景**

——基于「至善教育」理念的学校课程图谱建构研究

		22.《小毛虫》		
作业类别	作业内容	作业分析与设计意图	评价设计	时长
课前作业	2.根据课文内容填空。 本文写小毛虫经历了从小毛虫到_____ 再到_____的变化过程			
课中作业	◎小小互评员 同桌互相读词语，连一连并评一评。 lián nuó rèn kūn lǜ jié yú zhèng guī 昆 怜 挪 任 竭 规 律 挣 愉	主要考查学生对单元基础性知识的了解和掌握，巩固生字词的拼读	同桌互评： 字音正确 （☆）	3分钟
	◎小小书法家 认真书写田字格中的生字，并与同桌互评	书写习惯是低年段重点关注的，因此书写作业不仅要关注内容，还要关注书写姿势	老师评价： 正确书写 （☆） 书写美观 （☆） 姿势正确 （☆）	10分钟
	◎小小朗读者 1.我会把课文读正确、流利。 2.我能根据课文内容，体会小毛虫的想法，读出小毛虫的心情	学生在读正确、读流利课文的过程中，能做到以读促悟，在读中感悟，更好地把握朗读语气	同桌互评： 读正确 （☆） 读流利 （☆） 读好心情变化（☆）	10分钟
	◎小小合作者 小组合作完成学习单，推荐代表汇报学习成果。 学习小提示： 1.默读课文，了解小毛虫的成长过程。 2.围绕三幅图的顺序在小组内交流。 3.梳理意见并记录，推荐代表全班交流。 小毛虫是怎么变化的？这期间他在想什么？给图片排序，再填空。 （　　）　　（　　）　　（　　）	本题主要考查学生对课文内容的掌握情况，即小毛虫的变化过程以及小毛虫内心的想法	小组评价： 能分享 （☆） 会倾听 （☆）	10分钟

22.《小毛虫》				
作业类别	作业内容	作业分析与设计意图	评价设计	时长
课中作业	当小毛虫看见别的昆虫四处活动，而他不会唱、不会跑、不会飞时，它想：_____。当小毛虫在与世隔绝的茧屋里时，他明白了：_____。最后，他清醒了，_____的小毛虫变成了_____的蝴蝶			
课后作业	◎小小故事王 每个人都有自己该做的事情 小毛虫　茧 jiǎn　蝴蝶 可怜笨拙　尽心竭力　灵巧轻盈 万事万物都有自己的规律。 借助提示给爸爸妈妈讲讲这个故事	本题主要考查本单元语文要素——"借助提示讲故事"	家长评价： 声音洪亮（☆） 内容完整（☆） 绘声绘色（☆）	15分钟
	★小小探究者（打"★"为选做题目） 读课文片段，回答问题。 "小毛虫一刻也没有迟疑，尽心竭力地工作着。它织啊，织啊，最后把自己从头到脚裹进了温暖的茧屋里。" 1."一刻也没有迟疑"说明小毛虫（　　），"织啊，织啊"表示（　　）（填序号） ① 织的时间很长；②一点儿时间也没有耽误 2.从句子中你能体会到小毛虫怎样的品质？	本题是选做题目，体现作业的分层设计	教师评价：（☆）	5分钟

三、根据目标组织评价方式——单元作业的实施

泰勒提出了学习经验的两种组织，即纵向组织（指不同阶段的学习经验之间的联系）和横向组织（指不同领域的学习经验之间的联系），以及有效组织学习经验的三个标准，即连续性（直线式地重复主要的课程要素）、序列性（强调后续经验建立在先前经验的基础的同时，又对有关问题进行更

广泛、更深入的探讨）、整合性（指课程经验之间的横向联系）。把基本技能、基本价值等要素按照上述三个标准组织起来，并遵循认识逻辑组织和心理组织之间的关系原则，我们设计了以下评价方式：将小学语文作业分为基础巩固型作业、能力拓展型作业和综合实践型作业。现阐述第七单元作业实践样例，以供参考。

（一）基础巩固型作业

小学低年段语文基础巩固型作业包括识字写字作业、朗读作业、阅读作业。在设计基础巩固型作业时，我们关注作业的基础性、结构的合理性，保证其合理的难易比例。

1. 识字写字作业

在识字方面，要求学生认识60个生字，读准5个多音字；在写字方面，要求学生会写33个字、35个词语。因此，在课堂学习中，我们会引导学生运用多种方法识记生字、读准字音，并针对性地利用课中作业，通过自评、同桌互评的方式检测学生的识字情况。

二年级学生形象思维发达，他们对新鲜事物、活动类的学习更感兴趣。基于他们的学情，我们在作业设计中会侧重作业的趣味性。例如，第21课《青蛙卖泥塘》中"荷塘迷宫寻"的字词通关检测让学生化身为一只只会认字的"小青蛙"，在生字的迷宫里认字、读准字音，通过自己的努力走出迷宫。在这一过程中，若遇到困难，学生还可以通过同伴互助的方式解决，实现共赢。

在作业设计中，我们不但关注低年段作业的趣味性，而且注重其多样性。除了常规的口头检测，课中作业中，我们还设计了动笔作业。例如，第22课《小毛虫》的字词检测，我们就让学生通过拼音与生字连线的方式识记生字，巩固生字词的拼读。

以上是识字作业的举例说明，在写字板块，我们从一年级就一直关注学生的书写，培养学生先观察，再书写，最后对照评价并改正的书写习惯。为激励学生规范书写内容，端正书写姿势，我们设计了"小小书法家"评选环节，鼓励学生争当"小小书法家"展示自己的优美书写。

样例内容：第19课《大象的耳朵》，学生书法展示。（图1）

（1）

（2）

（3）

图1 第19课《大象的耳朵》书法展示

第20课《蜘蛛开店》，学生书法展示。（图2）

（1）

（2）　　　　　　　　　　（3）

图2　第20课《蜘蛛开店》书法展示

在完成"小小书法家"的课中作业前，教师先指导学生观察生字的结构和笔画，再让学生认真书写并在书写过程中提醒学生注意写字姿势：眼离书本一尺、胸离桌子一拳、手离笔尖一寸。书写完毕后，学生根据生字书写结构和关键笔画，先对比书本印刷体和自己写的字，进行书写自评，再同桌互评纠正，最后由教师进行评价。通过层层评价，累计积分，评选出本课的"小小书法家"，并给予其荣誉称号和表扬信以作鼓励。

2. 朗读作业

低年段学生朗读能力的培养应以学生的发展为本，关注每一个学生，关注学生的生活世界、情绪状态和情感体验，有目的、有计划地对他们进行规范指导，鼓励他们持之以恒，这样才能真正让学生"读"有所得，提高朗读实效。第七单元在朗读方面要求学生正确、流利地朗读课文，读好问句。在课前预习作业中，我们会首先让学生跟读课文、朗读音频两次，学生在跟读中标注难读字音，纠正错音，提高朗读的准确性。其次，为了让学生正确朗读课文，课上我们会先让学生过好汉语拼音关，把好识字学词关，指导学生读好难读的长句子，通过老师范读、同桌互读、指名读、小组赛读等多种方式让学生朗读好长难句，再由句到段，由段到篇，循序渐进，逐步做到读正确、读流利。

由词到句，由句到段，由同桌互评到全班PK，逐步攻克难关，多样评价，适当激励，可以消除学生朗读的畏难情绪，让学生在自学、互学、共学中读好课文，做到读准确、读流利。

读好问句是本单元的第二个朗读目标，在《大象的耳朵》一课中，教师可以让学生在理解课文的基础上通过角色代入读好问句。例如，这一天，大象正在路上慢慢地散步，遇到了小兔子。小兔子说："咦，大象啊，你的耳朵怎么耷拉下来了？""咦""怎么"可以表现出小兔子的好奇和质疑，"咦"语气要上扬，"怎么"语气要略做强调。在指导学生读好问句的基础上，教师放手让学生自己尝试读。

3. 阅读作业

阅读作业主要指向语言知识的掌握，语言材料的积累，文章内容和语言形式的理解，阅读技能、方法、策略的掌握，阅读习惯的养成。

课中作业设计关注题组的结构性，从字词句的理解到内容的把握，再到运用方法进行表达实践，体现了阅读的基本路径。阅读作业的整体设计分步落实，既与课时教学内容呼应，突出重点，体现了教学、作业两者的一致性，又可以减轻学生的作业负担，提高作业质量。

基础巩固型作业的主要目的是培养学生终身发展和适应未来社会的能力；而能力拓展型作业和综合实践型作业主要满足学生的个性化学习需求，开发和培育学生的潜能和特长，培养学生自我认识和自我选择的能力。在本单元的学习过程中，学生掌握了基础知识后，教师会布置后两种类型的作业来体现作业设计的多样性、开放性以及层次性。

（二）能力拓展型作业

能力拓展型作业包括短程作业和长程作业。短程作业即通过本单元的学习需要掌握的语文知识，又可以分成活动类作业和创意类作业。长程作业即本学期需要持续学习的知识和能力。以第七单元为例，其作业设计如下。

1. 活动类作业

语文教学是小学生获得听、说、读、写能力的重要途径，而课后作业则是教师用以巩固学生学习效果的主要手段。低年级的学生处于语言快速发展的准备时期，这时教师最重要的任务是培养他们对语文学习的热情和让他们养成爱识字、爱写字、爱读书、爱表达的好习惯。为此，我们给二年级的学生创设了以下八个竞赛活动：

（1）我是"查字典小能手"。

字典是二年级学生必须学会使用的学习工具，学会查字典不仅对他们阅读以及写作能力的提高有很大帮助，还能培养他们独立学习的能力。

活动过程：学生四人一组，在15分钟内合作查出教师出示的7个词语。组长安排好分工，最后由记录员填表上交；教师会从正确、速度两个维度评选出"查字典小能手"。（图3）

图3　"查字典小能手"

（2）我是"小小书法家"。

开展低年级写字比赛的目的在于纠正学生不正确的握笔方法与写字姿势，进一步激发、培养学生练字的积极性。本单元的生字学完以后，教师会挑选出难写、易错的字，让学生在规定的20分钟内写好这些字。教师会从正确、美观、姿势三个维度评选出"小小书法家"。（图4）

（1）

（2）

图4 "小小书法家"

（3）我是"小小朗读者"。

在课堂上开展朗读比赛，一方面可以提升学生朗读课文的积极性，另一方面可以更加充分地引导学生体会课文作者的情感。在课堂上，教师会请做好准备的同学上台展示，最后从音量、感情投入、肢体语言等几个维度与同学们一起投票选出"小小朗读者"。（图5）

图5 "小小朗读者"

（4）我是"听写大王"。

词语的听写不仅能对课文要求学生掌握的生字词起到一个查漏补缺的作用，还能在一定程度上纠正学生对语文学习的态度和习惯，帮助学生提高学习专注度；同时能在无形中帮助不爱看书、学习积极性差的学生提高语文学习的兴趣，培养他们学习的自信。为此，教师专门组织了听写测试，还与同学们一起评选出"听写大王"。（图6）

图6 "听写大王"

2. 创意类作业

（1）我是"小小编剧"。

课后习题是教师作业设计的方向标。本单元《蜘蛛开店》的课后习题就要求学生续编故事，这也是二年级语文学科的核心要素。课后教师和同学们一起投票选出续编故事范文，并评选出"小小编剧家"。（图7）

图7 续编故事范文展示

（2）我是"表演小能手"。

在小学低年级教学过程中，利用课本剧表演开展教学，不仅可以提高学生对语文的学习兴趣，还可以提高学生的学习效率。传统的教学模式主要以教材为主，课堂相对比较安静，但小学生天生都是好动的，所以传统的教学模式并不适合小学低年级学生的发展需求。利用课本剧表演的模式开展教学，可以将静态的教学活动转化为动态的，这对学生的学习有着重要的促进作用。教师会提前布置任务，学生放学后利用课后托管时间小组合作的方式进行排练。（图8）

图8 课后排练课本剧

3. 长程作业

统编版教材设置了"我爱阅读""快乐读书吧"，将课外阅读纳入课堂教学，构建了"三位一体"的阅读体系。教师应重视对学生整本书阅读的指导，作业设计要激发学生的阅读兴趣、提升学生的阅读能力，作业形式要丰富多样，如全班共读、阅读沙龙、好书推荐、阅读交流等。

小学低年段课外阅读是基础，我们应该调动学生的阅读兴趣，提高他们自觉阅读的能力，帮助他们养成热爱读书的好习惯，享受读书的乐趣。小学低年级每周会有一节阅读分享课，为学生提供展示的平台，学生只要参与分享就会获得教师授予的"小小分享者"称号。（图9）

图9　阅读分享课

（三）综合实践型作业

综合实践型作业关注学生综合素养的提升。基于学生语文学科核心素养的全面落实，学校深入开展实践型、跨学科、长周期等综合类作业的研究与实践，让学生通过完成此类型作业，增强知识应用意识、发展综合能力，为学生提供自由探索的空间，培养学生的学习兴趣和创新意识。

学科融合型作业样例：我是"小小画家"。（表3）

表3　我是"小小画家"

作业设计	依据	融合学科
童话故事手抄报	童话故事单元	语文：教师教学第七单元（童话故事单元），激发学生阅读童话故事的兴趣，引导感受学生童话世界的有趣和美好。 美术：教师指导学生制作童话故事手抄报

完成作业后，我们还将学生作业进行了展示。（图10）

（1）

（2）

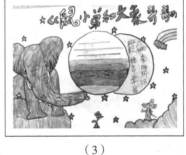

（3）

图10　学生作品展示

语文和其他学科知识的有机融合可以淡化学科之间的界限，拓宽学生的知识视野，让学生在完成作业的过程中进行综合性学习并有效运用知识，从而促进学生德、智、体、美、劳全面发展。这样的作业设计需要各学科教师之间协调规划，依据低年段学生的特点设计可实施的、融合性的高质量作业。

1. 知识掌握程度分析，根据目标评价课程——效果分析

所谓评价，在泰勒看来，本质上是确定课程与教学计划实现教育目标或程度的问题。泰勒评价理念的特点是把评价与目标结合起来，评价本身不是目的，而是达到目的的手段，用评价观代替了传统的测验观。

认识常用汉字，有主动识字、写字的愿望是低年段学生识字写字的重要目标。在第七单元中，学生需要认识60个生字，读准5个多音字，会写33个字、35个词语。从每一节课的课中作业和课后作业的反馈可以看出：对于课中识字任务，通过小组合作、情境创设，学生的识字兴趣十分浓厚。

在课后创设的听写比赛和查字典比赛中，通过数据可以了解到，在一定程度上，学生将整个单元的识字目标完成得非常好。（表4）

表4　本单元学生识字目标的完成情况

听写比赛获奖		
等级	A（掌握60个生字）	B（掌握50～59个生字）	C（掌握50个以下生字）
人数	289	37	12
占比	85.5%	10.95%	3.55%

另外，在识字写字板块，"小小书法家之书法超市"活动激发了学生的识字兴趣，通过让学生动手操作进一步巩固了学生的练字效果。在分享交流中，学生认识到了汉字的形体美，培养了合作学习的意识、表达能力和思维能力。

2. 语文能力水平分析

义务教育语文课程培养的核心素养是文化自信、语言运用、思维能力和审美创造。在本单元中，语言运用体现在围绕"改变"这一话题进行"借助提示讲故事"的语文训练中，并通过语文学习与运用培养学生的思维能力。根据各班任课教师和各班小组长的反馈得知，在本单元的学习中，大部分学生乐于开口朗读，并能借助提示读准人物语气，读出句子中蕴含的情感。这主要依靠教师给学生设计的任务指南，其通过任务驱动，发挥小组合作的作用，创设"小小朗读者"比赛，提升学生的语言表达能力，从单一的个人读到生生读、师生读，再到课后与家长合作读，以多种形式的朗读与评价，激发了学生的学习兴趣，也落实了学生的学习目标。

3. 情感态度分析

（1）主观观察：学习氛围更加浓厚。

低年段学生识字、写字任务量大，且较为单调，但是通过作业的设计，学生学习的趣味性大大增强。课后，可以明显感受到班级"你追我赶"的氛围越来越浓厚，许多学生拿着作业让老师评、让同学评，并在小组与小组之间探讨与比较，真正实现了"学生喜欢汉字，乐于学习识字、写字"的课程目标。

（2）客观对比。

为了知道学生对作业的态度，我们在作业实施前和实施后对学生进行了调查，包括谈话了解和问卷调查。（表5）

表5 学生对作业的态度

对待语文作业的态度对比					
阶段	人数/百分比	不喜欢	不太喜欢	基本喜欢	非常喜欢
实施前	人数	56	68	120	94
	百分比	16.57%	20.12%	35.5%	27.81%
实施后	人数	13	14	97	214
	百分比	3.85%	4.14%	28.7%	63.31%

从调查中可以看出：学生更加喜欢现在的语文作业。我们对调查结果进行了分析：①通过长程作业的推动，学生对作业拥有了更多的主动权，自己规划学习时间，课后完成自己喜欢的阅读等个性化活动。②作业的形式更加合理。在作业实施前，语文朗读、背诵、抄写等单一的作业形式让学生感到压力很大，现在课中任务的落实以及课后活动的开展给学生提供了更多的作业选择。③作业趣味性更强。文字的运用需要情境，学生在一个一个情境中完成作业任务，可以感受到作业的趣味性。④评价方式多样化。过去，作业的评价大多由教师完成，会出现评价不够及时、不够全面的现象。但在现在的作业实施后，其生生互评的方式让许多作业得到了赞赏，再加上教师多维度的评价、家长的补充评价，提高了学生完成作业的积极性。特别是讲演故事板块，其融合了美术、音乐等学科，让学生在游戏中、在情境中不知不觉地完成了作业，真正做到了寓学于乐。

课堂观察评价量表

教师行为观察量表见表1。

表1 教师行为观察量表

观测点	具体观察视角
	1.紧扣新课标，教学目标明确，教学理念先进，注重培育学生的核心素养
	2.教学安排详略得当，重难点突出，知识体系构建合理
	3.教学方法多样，采用的教学手段恰当
	4.能有效激发学生的学习兴趣，鼓励学生大胆质疑
	5.能创设良好的课堂氛围，充分体现"以学为本"的课堂理念
	6.能有效进行课堂秩序的管理，突发状况处理得当
	7.能通过评价调动学生的学习积极性，有效调控学习气氛
	8.在传授知识与技能的同时，能喻理于情、明理启智
	9.课堂练习高效，并注重学法指导
	10.作业布置合理，不加重学生负担，下课不拖堂

学生行为观察量表见表2。

表2 学生行为观察量表

观测点	具体观察视角
	1.学习态度良好，想学、愿学，学习兴趣浓厚，情绪高昂
	2.能积极参与教学活动，课堂整体参与度高，能够自主收集信息、分析信息、发现问题，遇到问题时积极思考、深入探究
	3.在学习中能运用已掌握的知识与技能解决新问题
	4.能够通过独立思考形成自己的见解并有效表达自己的观点
	5.能积极听取老师和同学的意见和建议
	6.能与同学有效合作，能满足其他同学的学习需要

观测点	7.对于老师和同学提出的观点能大胆质疑，提出不同意见
	8.在学习中能反思自己的学习行为，调整学习策略
	9.学习习惯好，善于做笔记
	10.课堂练习及作业准确率高

花都区圆玄小学教师教学设计及课堂教学评价表见表3。

表3 教师教学设计及课堂教学评价表

班级		学科		任教老师		时间				
课题				节次		课型				
评价指标	权重	指标描述				分值				得分
教学设计30分	10分	教学目标明确、具体、有层次，符合课程标准的要求，关注能力、思想、品质，教材分析和学情分析准确、有针对性，教学重点、难点分析准确		10	8	5	3	1		
	10分	教学内容能根据教学目标合理取舍，准确把握教学的主干，脉络清晰，容量恰当；结合学生已有的知识经验，合理选取社会生活中的事实和现象作为教学资源；教学资源拓展合理、难度适中		10	8	5	3	1		
	10分	教学策略和方法选择恰当，教学任务的设计符合学生的认知，具有可操作性；教学设计方案内容完整		10	8	5	3	1		
教学实施50分	10分	教学流程清晰顺畅，各环节时间分配合理；设问合理，对学生的表现和生成的问题反馈及时、评价精准；知识拓展合理		10	8	5	3	1		
	10分	教学方法与教学目标、教学内容、课堂组织匹配、协调，能够灵活、恰当地实施教学，有效地促进教学重难点的突破；教师在新的教学模式、教学方法上有所探索		10	8	5	3	1		
	10分	课堂组织管理有序，小组合作学习有效，充分调动不同层次学生参与学习的积极性		10	8	5	3	1		

美丽的**风景**

——基于「至善教育」理念的学校课程图谱建构研究

班级		学科		任教老师		时间					
课题				节次		课型					
教学实施50分	10分	信息技术与教学活动有效融合，凸显信息技术的优势；教师能够合理运用信息化教学设备开展教学活动；数字教育资源与教学目标匹配				10	8	5	3	1	
	10分	教学语言清晰、简练，举止大方、文明得体，展示了个性化的教学特色				10	8	5	3	1	
教学效果20分	10分	完成既定教学目标，帮助学生高效掌握重点、突破难点，学生高阶思维能力和学科核心素养得到发展				10	8	5	3	1	
	10分	关注学生认知水平和个体差异，让全体学生都能参与到学习活动中；不同层次的学生都能在学习活动中获得良好的体验和收获				10	8	5	3	1	
总分及等级（A：85分以上；B：75~84；C：60~74；D：60分以下）											
总体评价：											

学业质量评价

评价工具设计：2021学年第一学期一年级数学岛奇遇记

一、口算岛（1分钟）☆ ☆ ☆ ☆ ☆ ☆　　　　　　获（　　）☆

0+3=	3−3=	6−3=	1+7=	11−0=	9+10=
11+6=	17−4=	13+5=	2+9=	6+8=	5+5=
8+9=	13−9=	15−8=	16−9=	20−7=	11+9=

二、观察岛（2分钟）☆ ☆ ☆ ☆ ☆ ☆　　　　　　获（　　）☆

小朋友们，王老师带同学们去公园啦！请仔细观察大家的排队顺序，你能根据排队的前后顺序完成下面几个问题吗？快来挑战吧！

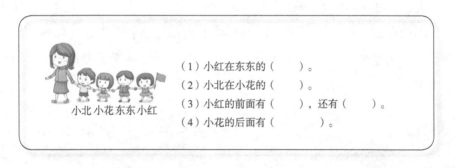

（1）小红在东东的（　　）。
（2）小北在小花的（　　）。
（3）小红的前面有（　　），还有（　　）。
（4）小花的后面有（　　）。

小北 小花 东东 小红

三、分析岛（2分钟）☆ ☆ ☆ ☆ ☆ ☆　　　　　　获（　　）☆

小朋友们，你们能给这些物体分类吗？

（　　）个 🛢　　　（　　）个 ▭
（　　）个 ⬜　　　（　　）个 ○

四、时间岛（2分钟）☆ ☆ ☆ ☆ ☆　　　　　　　　　获（　　　）☆

1. 说出下面钟面的时间。

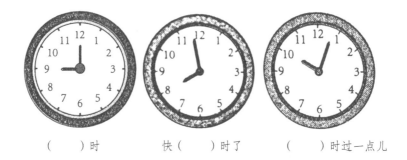

（　　　）时　　　　快（　　　）时了　　　　（　　　）时过一点儿

2. 下面钟面的时间是（　　　）时，你是怎么想的？

五、解决问题岛（2分钟）☆ ☆ ☆ ☆ ☆　　　　　　　　获（　　　）☆

　　小朋友们，你们都是解决问题小能手哦！快来看看下面的问题，用你能说会道的小嘴巴，说说这些问题怎么解决，看看谁能成为最棒的"小小数学家"。

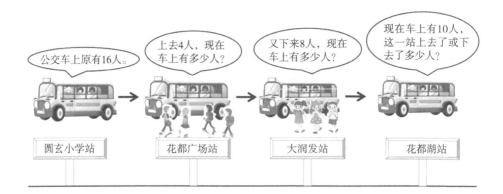

参考答案：

2021学年第一学期一年级数学岛奇遇记

一、口算岛

0+3= 3　　3−3= 0　　6−3= 3　　1+7= 8　　11−0= 11　　9+10= 19

11+6= 17　17−4= 13　13+5= 18　2+9= 11　6+8= 14　5+5= 10

8+9= 17　13−9= 4　15−8= 7　16−9= 7　20−7= 13　11+9= 20

二、观察岛

（1）小红在东东的（后面）。

（2）小北在小花的（前面）。

（3）小红的前面有（东东），还有（小花）。

（4）小花的后面有（东东、小红）。

注意：（3）东东、小花、小北、王老师任选两个均对

三、分析岛

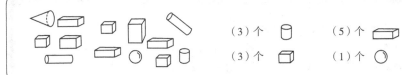

（3）个 🛢　　　（5）个 ▱

（3）个 ⬜　　　（1）个 ○

四、时间岛

1.说出下面钟面的时间。

（9）时　　　快（8）时了　　　（10）时过一点儿

2. 下面钟面的时间是（12）时。

因为分针和时针都指向12。

五、解决问题岛

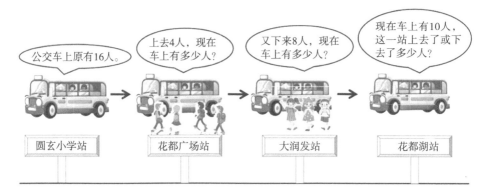

花都广场站：16+4=20（人）　　答：车上有20人。
大润发站：20-8=12（人）　　答：车上有12人。
花都湖站：12-10=2（人）　　答：下去了2人。

评价标准：圆玄小学2021学年第一学期一年级数学岛奇遇记

小朋友们好，欢迎来到期末数学岛知识乐园，让我们坐上"圆玄"号快艇前往数学岛吧！闯过关卡，你就能获得数学王国的各种荣誉了，是不是特别期待？别急，每闯过一个关卡，你就能得到相应的智慧星，积攒越多的智慧星就能得到越大的奖励哦，怎么样？准备好了吗？（总分30分）

一、口算岛

每答对3题算得1颗☆，一共6颗☆。

二、观察岛

第1、2小题答对各得1颗☆。

第3小题全答对得2颗☆，答对1个得1颗☆（东东、小花、小北、王老师，任写其中两个均对）。

第4小题全答对得2颗☆，如果只答对其中一个得1颗☆。

一共6颗☆。

三、分析岛

（1）能准确数出4种立体图形的数量得4颗☆，每准确数出1种得1颗☆。

（2）学生数的时候监考老师注意观察学生数的是否正确，可以提问：为什么不选这个图形（圆锥体）？

回答正确（因为这个图形不属于4种图形中的任何一种）可得2颗星。

一共6颗☆。

四、时间岛

第1小题全答对得3颗☆，答对一个得1颗☆。

第2小题能说出钟面的时间得1颗☆，能说出为什么（时针和分针都指向12）得2颗☆，如果只能解释时针或分针其中一个，只得1颗☆。

一共6颗☆。

五、解决问题岛

每答对1个问题得2颗☆。

一共6颗☆。

六、智慧城堡的兑奖规则

小朋友，恭喜你成功闯过了本次所有的关卡，共获得_____☆，快快带上你的伙伴去智慧城堡领取荣誉证书吧！

兑奖规则：一共30颗☆，获得25～30颗☆评为"智慧王者"，获得19~24颗☆评为"智多星"，获得12～18颗☆评为"聪慧星"，获得12颗☆以下为不达标，需要重新闯关。

评价总结

微风不燥，阳光正暖，"双减"正当时。"双减"政策落地半年，改变了学习方式，丰富了课余时间，关于孩子们的成长增值多少，还可以再增值多少的问题，我校从没有停止过思考与探索的脚步。为了积极响应"双减"政策，深化教育评价改革，我校于2022年1月4～5日在一、二年级开展了指向"能力为重，素养为主"的期末学业评价，在游戏中对学生进行学科综合能力测评，让学生将学习进行到底。

一、为了什么？

（1）评价是为了激励，让学生看见自己的成长。

（2）评价是为了导向，让学生明确努力的方向。

（3）评价是为了改进，让学生优化自己的"学"，让教师优化自己的"教"。

二、怎么做？

（一）指向能力和素养

1. 评价基于国家颁发的相关文件

测评前，教师们认真学习中共中央、国务院印发的《深化新时代教育评价改革总体方案》和教育部办公厅发布的《关于加强义务教育学校考试管理的通知》，制订测评方案。（图1）

图1 测评前教师们认真学习相关文件

2. 以游戏闯关为情境

语文学科根据学生喜欢的故事《小鲤鱼跳龙门》创设情境，设计了"认读海岛""书写贝壳""记忆宝库""阅读龙宫""故事冲浪"等关卡。

数学学科创设"数学岛奇遇记"情境，设计了"口算岛""观察岛""分析岛""时间岛"和"解决问题岛"等关卡。

3. 以学科知识、学科素养、课程标准作为测评依据

语文学科测评旨在考查学生认读与积累、阅读与表达等能力素养，数学学科测评旨在考查学生速算心算、空间想象、合情推理、解决问题等能力素

养。测评方式为户外测评，取消了纸质测评。（图2）

图2　测评现场

（二）建立学习共同体

测评过程由学校、教师、家长三位一体协同完成。学校整体策划，制订方案；教师研读课标，自主命题；家长积极参与，实施评价。本次测评邀请了一、二年级16个班的160名家长担任各个关卡的考官。考官"上任"前学校专门组织了"考官业务"培训，交流了命题思路，统一了测评标准。测评现场，家长"考官"依据评价标准与孩子交流互动，启发引导，陪伴孩子完成测评过程。测评结束之后，通过考官座谈会进行反馈总结，让家长对"双减"政策有更深入的了解，更加明确"双减"背景下家庭教育的新方向。

（三）探索多元评价方式

本次测评有效地克服了纸质测试的弊端，实现了对学生的多元评价。语文学科的"认读海岛"除认读正确与否外，还从声音是否响亮、态度是否端正等方面来评价学生。"书写贝壳"更加关注学生的坐姿、握笔姿势等日常书写习惯的养成。"阅读龙宫"除了评价学生的信息提取能力，还关注学生的朗读是否流利、正确、有感情，是否说出了自己的感受。"故事冲浪"不仅评价学生的表达能力，还关注学生的想象力等学科素养。数学学科的"口算岛"除了考查学生的口算速度外，还添加了一些开放性题目，如"□×□=36"，以此评价学生是否具有创新意识和逆向思维能力。"时间岛"不仅要求学生准确说出具体时间，还通过"为什么"和"15分钟后是几点"来考查学生的语言表达能力和合情推理能力。"解决问题岛"更注重对学生提取有用信息和分析题中数量关系的能力的培养，评价标准更注重学生的学习态度以及思维过程。本次测评采用与学生面对面交流、观察、记录、分析等方式，把学生的学习过程、创新精神、行为习惯等纳入评价范畴，既关注学生学业水平的高低，又关注学生学科素养的发展，实现了对学生学习的全程评价和全要素评价。

三、做得怎么样？

在别开生面的情境游戏中，学生兴趣盎然地完成了学业测评，收获了成果，带着丰收的喜悦重新出发。为了体现评价的激励性原则，学校还给对自己表现不满意的学生提供了"复活"的机会，鼓励学生敢于挑战，勇攀高峰。在测评过程中，学生获得了一种审视自我、发现自我和相信自我的自由成长空间。

通过参与测评，家长多角度、全方位地了解了孩子的学业水平和学校的教育教学理念，有助于促进家长对学校教育的肯定，形成家校共育新模式。让家长参与到教学管理的各个环节中，对学校的教学质量进行监督，可以使学校的管理更科学、更规范，同时促进了学校与家长的交流、家长与学生的沟通，有助于家长理解、支持、配合教师，建立起共同体。

此次期末测评是我校"双减"背景下的一项评价改革。例如，"小鲤鱼跳龙门"和"数学岛奇遇记"是综合素质评价的创新，将能力评价和素养

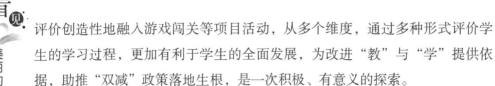

评价创造性地融入游戏闯关等项目活动，从多个维度，通过多种形式评价学生的学习过程，更加有利于学生的全面发展，为改进"教"与"学"提供依据，助推"双减"政策落地生根，是一次积极、有意义的探索。

未来，学校的多元测评模式将向全学科铺开，让学生在更有趣、更全面、更多元的活动和评价中发展。

第四章

教学分析与反思

基于统计数据的质量分析

在真实分数数据的基础上分析教学质量才更加可靠，因此笔者以2022年第二学期期末大作业检测卷的分数数据为例，详细阐述教学质量分析。

一、结合数据进行教学质量分析

（一）从学生整体成绩方面分析

一至六年级数学学科成绩如图1所示。

班级	人数	排名	平均分	均分差	标准差	最高分	最低分	前5均分	后5均分	级前5	级前30	级前30%	级后5	级后15	级后30	级后30%
一年级数学学科成绩																
101	44/344	2	92.07	0.75	8.51309	100	57	100	74.4	5	5	1.45	0	1	2	0.58
102	43/344	7	89.47	-1.85	11.2505	100	44	99.4	64.6	3	3	0.87	1	2	7	2.03
103	45/344	1	93.67	2.35	9.58471	100	40	100	74.6	10	10	2.91	1	1	2	0.58
104	41/344	6	91.05	-0.27	12.5396	100	20	99.8	68.2	4	4	1.16		1	1	1.16
105	43/344	3	91.84	0.52	10.1177	100	60	100	67.2	8	8	2.33	0	4	4	1.16
106	42/344	8	89.4	-1.92	9.64873	100	60	98.4	66.6	2	2	0.58	0	3	6	1.74
107	43/344	4	91.58	0.26	10.4753	100	45	100	69.8	8	8	2.33	1	1	3	0.87
108	43/344	5	91.28	-0.04	10.4444	100	43	99.6	70.4	3	3	0.87	1	2	2	0.58
年级	344		91.32							43	43			5	15	

（1）

班级	人数	排名	平均分	均分差	标准差	最高分	最低分	前5均分	后5均分	级前5	级前30	级前30%	级后5	级后15	级后30	级后30%
二年级数学学科成绩																
201	42	3	79.7	1.7	11.2932	96	38	92.2	55.2	1	4	12	0	1	3	13
202	43	2	79.8	1.8	14.551	94	19	92.4	47.8	0	6	16	2	2	3	10
203	43	1	84.2	6.2	7.95826	94	54	92.8	67.1	0	7	20	0	1		6
204	44	5	78	0	18.2675	95	25	94.4	41.8	1	7	16	1	2		15
205	42	6	77.9	-0.1	13.2447	98	41	93.1	49.8	1	3	10	0	1	1	13
206	43	4	79.1	1.1	9.85614	93	43.5	91.2	58	0	2	8	0	1	1	9
207	39	7	75.3	-2.7	20.4583	96.5	4	94.3	30.5	2	4	14	2	4	5	14
208	41	8	71.6	-6.4	15.3576	92	34	90.3	40.5	0	4	8	0	4	8	23
年级	337		78			98	4									

（2）

班级	人数	排名	平均分	均分差	标准差	最高分	最低分	前5均分	后5均分	级前5	级前30	级前30%	级后5	级后15	级后30	级后30%
三年级数学学科成绩																
301	40/380	8	78.1	2.3	10.95	97	36	96.2	47.2	5	5	9	0	1	5	14
302	40/380	9	76.4	-4	12.75	97	12	95.4	37.6	4	4	13	1	2	2	11
303	40/380	3	82.3	1.9	15.45	98	8	97	50.2	4	4	12	1	2	2	12
304	38/380	4	81.8	1.4	6.88	98	53	96.4	61.6	6	6	15	0	0	0	9
305	39/380	7	85.2	4.8	11.19	100	45	97.4	67.4	4	4	8	0	1	2	13
306	37/380	2	82.8	2.4	15.19	100	25	97.4	49.4	3	3	16	1	3	6	12
307	38/380	5	78.5	-1.9	12.75	97	40	95.6	50.6	5	5	14	0	3	4	13
308	38/380	10	75.5	-4.9	16.13	98		95	31	1	1	3	2	6	13	
309	38/380	3	81.8	1.4	7.94	95	60	93.8	68.2	2	2	12	0	1	4	13
310	37/380	6	81.7	1.3	11.65	98	50	95.5	65.8	4	4	14	0	2	4	13
年级	380		80.4							38	38	121	5	15	31	116

（3）

四年级数学学科成绩

班级	人数	排名	平均分	均分差	标准差	最高分	最低分	前5均分	后5均分	级前5	级前30	级前30%	级后5	级后15	级后30	级后30%
401	45/390	9	67.5	-4.8	17.58	99	27	93.1	37.1	1	3	11	1	2	6	21
402	43/390	2	75.1	2.8	16.15	97	30	94.8	43.2	1	6	16	0	1	3	9
403	40/390	7	69.5	-2.8	13.47	87	30	85	41.9	0	0	6	0	3	3	13
404	44/390	6	72.4	0.1	16.75	95	30	91.9	39.8	0	3	15	0	2	3	13
405	43/390	3	75	2.7	16.01	96	26	93.4	41.7	0	5	17	1	2	2	12
406	43/390	8	69.1	-3.2	16.78	98	28	94.4	36.8	2	4	7	2	2	5	14
407	43/390	5	73.1	0.8	20.09	95	4	94.1	27.38	0	6	18	1	3	4	11
408	44/390	1	76	3.7	13.8	97	39	93	47.9	1	3	20	0	0	2	10
409	45/390	4	73.1	0.8	15.43	95.5	30.5	93.7	43.4	0	4	15	0	1	3	12
年级	390		72.3			99	4									

（4）

五年级数学学科成绩

班级	人数	排名	平均分	均分差	标准差	最高分	最低分	前5均分	后5均分	级前5	级前30	级前30%	级后5	级后15	级后30	级后30%
501	44/355	4	71.74	1.97	19.9	96	10	93.2	29.5	0	3	0.85	1	1	2	0.56
502	43/355	7	62.21	-7.56	20.5	92	13	89.2	25	0	1	0.28	1	2	6	1.69
503	45/355	5	71.67	1.9	17.2	100	25	94.2	40	1	3	0.85	0	1	0	0.28
504	44/355	8	59.07	-10	24.4	90	8	88	14.2	0	0	0	2	5	9	2.54
505	45/355	6	68.06	-1.71	23.2	93.5	2	93.3	16.8	0	3	1.41	3	4	4	1.13
506	45/355	3	71.91	2.14	19.8	94	13	93	27	0	3	0.85	0	1	4	1.13
507	45/355	2	73.61	3.84	17.5	99.5	24	96.2	41.3	2	7	1.97	0	1	2	0.56
508	45/355	1	77.47	7.7	18.7	100	12	98	35.4	3	11	3.1	0	2	4	1.13
年级	355		69.77			100	2									

（5）

六年级数学学科成绩

班级	人数	排名	平均分	均分差	标准差	优秀率	最低分	前5均分	后5均分	级前5	级前30	级前30%	级后5	级后15	级后30	级后30%
601	44/311	6	68.4	-6.2	25.6106	40.90%	0	95.8	14.4	0	3	10	1	4	9	17
602	44/311	7	66.8	-7.8	#REF!	38.60%	0	95.8	20.1	0	3	9	1	3	7	20
603	45/311	1	86.3	11.7	9.96104	73%	56	97.6	65.4	0	6	26	0	1	0	4
604	45/311	2	81.2	6.6	18.4427	67%	14	98.6	39.2	1	10	22	0	1	2	13
605	45/311	3	77.2	2.6	23.957	62.20%	5	99.4	24.1	4	9	21	2	3	4	13
606	44/311	4	75.7	-1.9	22.3331	59.10%	5	95.7	23.2	0	2	9	0	3	5	14
607	44/311	5	68.9	-5.7	19.0105	36.40%	12	92.2	28.4	0	0	5	1	2	4	22
年级	311		74.6			53.89%										

（6）

图1　一至六年级数学学科成绩

1. 部分年级均分差、标准差偏大

均分差表示各班的平均分与年级平均分之间的差距，均分差越大，说明年级内各班学生整体水平相差越大。而在本次检测中，一、三、四年级的均分差差距不大，说明学生学习水平相差不多，二、五、六年级的均分差差距偏大，其中二（3）班和二（8）班均分差为12.6分，五（8）班和五（4）班均分差为17.7分，六（3）班和六（2）班均分差为19.5分，说明这几个年级内学生的学习水平参差不齐。

标准差反映了班级内学生成绩接近班级平均成绩的程度，标准差越小，说明班级内学生学习水平相差越小，两极分化现象越不严重。而在这次的成绩当中，标准差小于10的班级有一（1）班、一（3）班、一（6）班、二（3）班、二（6）班、三（4）班、三（9）班、六（3）班，标准差大于20的班级有二（7）班、四（7）班、五（2）班、五（4）班、五（5）班、六（1）班、六（2）班、六（5）班、六（6）班，说明年级越高，班级内学生的学习水平相差越大。

2. 部分班级存在基础非常薄弱的学生，存在"尖头大尾"现象

班级内前5名学生的平均分为前5均分，班级内后5名学生的平均分为后5均分，通过分析这两个数据可以看出班级内尖子生和学困生的成绩情况，再结合级前5、级前30、级前30%、级后5、级后30、级后30%的数据可以看出班级需要针对哪一层次的学生实施改进措施。例如，二（8）班前5均分90.3分，后5均分40.5分，都是年级里最低的；此外，二年级有338人，成绩排年级前30%的有102人，而这102人中二（8）班只有6人，成绩排年级后30%的102人中二（8）班有23人。这就说明二（8）班的尖子生人数少且分数不高、学困生人数多且分数低，班级整体学习水平较低，存在"尖头大尾"现象，该班教师应该重视"培优辅差"工作。

3. 班级之间两极分化现象随着年级的增加越来越严重

从刚刚的均分差和标准差来看，随着年级的增加，班级和班级之间两极分化现象越来越严重，低年级还没有太大的分数区别，中年级开始出现低分，这些低分会导致标准差过大，从而拉低班级平均分，使得班级和班级之间的分数差距越来越大。到了高年级，学生的学习习惯和思维方式基本形成，其成绩的差距也越来越大，从而导致两极分化现象越来越严重。下面我们通过六年级各班的成绩散点图（图2）来进行分析。

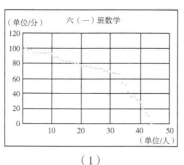

（1）

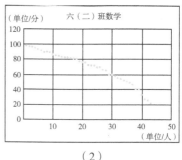

（2）

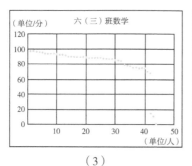

（3）

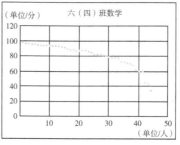

（4）

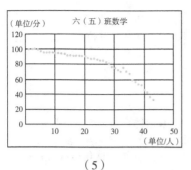

（5）

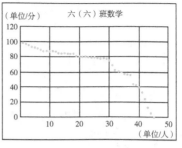

（6）

（7）

图2　六年级各班成绩散点图

如果成绩散点图的趋势较为平缓，说明该班级学生整体学习水平比较稳定，教师的教学比较适合学生；如果成绩散点图的下坡度比较大的话，说明学生学习水平不稳定，或者教师的教学方法不适合大部分学生。从成绩散点图中我们可以看到，六（3）班学生学习水平差不多，不存在特别差的学生，所以教师可以将教学重点放在整体培优方面，也可以稍微增加教学内容的难度，设计综合性、灵活性比较强的题目让学生挑战。而六（1）、六（6）、六（7）班成绩散点图下坡度较大，说明班级内学困生比较多，教师应该多考虑如何提高班级的及格率。

（二）从学生能力达成度方面分析

学生能力达成度分析的具体内容如图3所示。

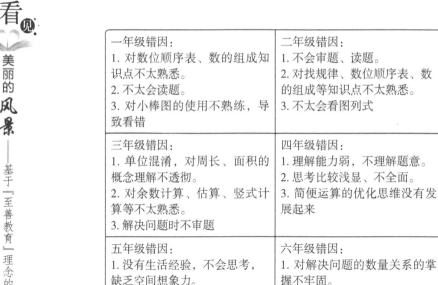

一年级错因： 1. 对数位顺序表、数的组成知识点不太熟悉。 2. 不太会读题。 3. 对小棒图的使用不熟练，导致看错	二年级错因： 1. 不会审题、读题。 2. 对找规律、数位顺序表、数的组成等知识点不太熟悉。 3. 不太会看图列式
三年级错因： 1. 单位混淆，对周长、面积的概念理解不透彻。 2. 对余数计算、估算、竖式计算等不太熟悉。 3. 解决问题时不审题	四年级错因： 1. 理解能力弱，不理解题意。 2. 思考比较浅显、不全面。 3. 简便运算的优化思维没有发展起来
五年级错因： 1. 没有生活经验，不会思考，缺乏空间想象力。 2. 对分数的意义理解不透彻。 3. 信息较多时，无法筛选有用信息	六年级错因： 1. 对解决问题的数量关系的掌握不牢固。 2. 理解能力弱。 3. 转化意识不强

图3　学生能力达成度分析

从各年级学生存在问题的反馈来看，发现学生有以下几个共同的特点：

（1）审题意识差，理解能力弱。

（2）空间想象能力差，没有运用图形来解题。

（3）对知识点的概念理解不透彻。

（4）综合分析、解决问题的能力差。

二、针对质量分析制定改进计划

（一）近期策略

（1）制订各年级的复习计划，根据各年级各班的具体情况分板块设计复习内容，低年级夯实基础，中高年级体现综合性、生活化，建立解题模型，发展学生的思维能力。

（2）通过生生、师生合作等方式制订学习辅导计划，营造良好学风，尤其针对学困生，以达到"抓两头并进，促中间层发展"的效果。

（3）复习时讲究学习方法和策略，培养学生用多样化的方法解决问题的能力，并优化他们的思想。例如，多请学生讲解或四人小组讨论，明确学生的思路盲区，进行针对性引导。

（二）长期策略

（1）教师备课时要根据课标要求整体把握教学内容，让学生了解安排教学内容的意图，同时加深学生对数学概念本质的理解，从而更好地建构数学知识的脉络体系。

（2）设计学习单或布置体现综合性、生活化的课后作业题目，引导学生从真实情境中抽象出数学知识与方法。

（3）通过开展长程作业（计算和说题），培养学生的运算能力和综合分析、解决问题的能力。

（4）课堂上开展一些合适的探究性活动，注重引导学生经历分析和解决问题的过程；在建立数学模型的过程中，引导学生用数学思维思考现实问题；在小组合作过程中，引导学生用数学语言表达问题，提高学生的数学核心素养。

学生学业质量分析报告

（2021学年第一学期）

　　为了积极响应"双减"政策，深化教育评价改革，我校于2022年1月4日至5日在一、二年级开展了"指向能力为重，素养为主的期末学业评价"，在游戏中对学生进行学科综合能力测评，并于1月6日至7日在三至六年级开展了基于课程标准和内容标准的期末学业测评。本次测评把学生的学习过程、创新精神、行为习惯等纳入评价范畴，既关注学生学业水平的高低，又关注学生学科素养的发展，实现了对学生学习的全程评价和全要素评价。期末测评之后，学校全体教师在教导处的组织下，先后开展了以备课组、年级组、教研组、全校为单位，结合全学期学生的作业表现、过程性评价、表现性评价和期末学业测评的综合质量分析，诊断教学，分析原因，明确方向，制定措施。在放假的前一天，学校还召开了全校线上家长会，在总结本学期工作的同时，向家长反馈了学生的学业质量，鼓励家长多维度、多形式地评价学生的学习过程，关注学生的全面发展，让家长对"双减"政策有更深入的了解，同时更加明确"双减"背景下家庭教育的新方向。现将学校学业质量分析汇报如下。

一、本学期学生学业质量分析

（一）语文

　　本次期末测评题目以课标为依据，紧扣单元知识点，指向语文综合素养，全面考查学生的知识掌握情况以及学科核心素养发展情况。现就学业质量、典型问题分年级进行分析。

1. 一、二年级

创设"小鲤鱼跳龙门"的情境，以集星闯关的形式进行，并采用学生十分喜欢的户外测评方式。（图1）

存在的问题及原因分析：学生朗读不够流利，断句不明晰；有些学生书写不工整、姿势不规范，对信息提取不准确。原因是课堂上朗读训练不够，使得学生朗读水平不高，识字量不够，一篇陌生的文章对识字量少的低年级学生来说是有一定难度的。

图1 测评现场

改进措施：

（1）加强拼读练习，规范书写姿势，提高书写速度。

（2）加强词语、句子在语境中运用的练习。

（3）推荐图书，增加识字量，多阅读，提高阅读能力。

（4）课堂上多读，课前三分钟分享以朗读为主，课后作业注重朗读与阅读。

2. 三、四年级

存在的问题及原因分析：学生没有根据句意进行断句；刚接触病句，对基本病句类型掌握不熟练，判断不出错误之处；练习量不够。原因是对人物进行评价时没有紧扣文本；不能联系上下文准确理解词语，如"飘飘然"的意思选择错误；没有根据题目及文体进行预测；教师对知识点的落实不扎实、不全面，单元教学意识不强。

改进措施：

（1）抓好学习常规，培养学生良好的学习习惯，减少学生走神现象。

（2）落实知识点（尤其是园地知识），多练习，多运用，落实到人。

（3）在课堂上加强语文要素训练，扩展阅读题的答题面，加强审题能力的培养，提高学生的思考、表达能力。

（4）设计学习单，提高课堂效率，以小组为学习单位，提高学生的参与度，增强学生的知识应用能力。

（5）推荐书单，落实课外阅读，利用课前三分钟进行展示，提高学生的阅读速度以及理解、表达能力，培养学生的语感。

3. 五、六年级

存在的问题及原因分析：

五年级：对于过渡段，学生不会联系上下文进行思考，如果改成找过渡段学生应该会做得更好；思维导图完成得不太理想，部分学生不会提取信息，不会概括总结。原因是学生对说明方法的理解、掌握不够扎实，条理性不强，不会连接上下句。

六年级：①对于判断加点字注释有误的一项，大部分学生不能正确理解"今乃掉尾而斗"的"乃"的意思，导致选错。原因是课外阅读量少，理解能力低。②对于联系上下文理解词语的意思，学生即使已经按照教师的方法，把词语放回到句子中，仍然不能结合课文内容正确解释。原因是阅读理解能力低。③对于习作，学生审题能力不强。原因是平时练习不够。

改进措施：

（1）在今后的教学中，教师一如既往地重视学生基础知识的练习与巩固，尤其是学困生的基础知识的练习与巩固，多与这部分学生的家长沟通，进行家校配合。

（2）钻研教材要更细致、更透彻，课堂讲解要更清晰，重要的知识点要督促学生做好笔记，同时要注意学生听讲时的状态。

（3）在阅读教学课堂上，注意渗透阅读方法，对写作手法的教学能帮助学生更好地理解课文内容；让学生进行广泛大量的阅读，以提高学生的阅读能力。

（4）增加阅读理解的训练量。注重学生在练习中对方法的运用，教师借此教给学生应对千变万化问题的要点。

（二）数学

为更好地落实"双减"政策，进一步提升教育教学质量，查漏补缺，反思教学，增强教学的针对性、实效性，及时采取跟进措施，促进教育教学持续发展，现就学业质量、典型问题分年级进行分析。

1. 一、二年级

一年级存在的问题：

（1）对于立体图形的分类，学生对立体图形特征的理解不透彻，分不清体和面。

（2）学生口算熟练度有待提高。

二年级存在的问题：

（1）不能熟练掌握两位数加、减的计算方法，计算能力有待提高。

（2）从学生的错题中可以发现其计算能力、合情推理能力有待提高。

改进措施：

（1）加强口算及心算能力，提高计算速度和正确率。

（2）转变课堂教学模式，如采取户外课堂模式，以学生为主体，让学生多说，以说促思。（图2）

图2　户外课堂

2. 三年级

存在的问题：

（1）对竖式表示的意义认识不清。

（2）已知一个数是另一个数的几倍，求另一个数，还不太会。

改进措施：

（1）培养、提升学生的说题、表达能力，利用课前三分钟让学生说题，说清楚算理和解题过程。

（2）做好"培优扶差"工作，提高学生的优秀率。

（3）加强对学生数学思维的培养。

3. 四年级

存在的问题及原因分析：

（1）数的大小比较，掌握不牢固。

（2）对平方千米和公顷尚认识不清。

（3）对点到直线，垂直线段最短，还不会利用。

（4）对商不变的规律，理解不到位。

改进措施：

（1）严抓课堂纪律，调动学生上课的积极性，努力做到不让一个学生掉队。

（2）严抓学生作业，与家长沟通，让家长督促学生认真完成作业。

（3）作业尽可能面批面改，让学生及时改正错题并做好二次批改。

（4）对学困生给予更多的关注与帮扶，课后做好辅导工作。

（5）加强对学生审题能力的培养。

4. 五年级

存在的问题及原因分析：

（1）分段计费问题。

（2）计算小数除法的方法。

（3）小数除法算理。

（4）多边形的面积。本次考试题型比较灵活，反映出学生获取数学信息的能力、灵活运用知识解决问题的能力有待提高。

改进措施：

（1）做好备课工作，在备课中抓好教学重点。

（2）课堂上以练习为主，适当增加变式训练。

（3）做好课前三分种口算训练。

（4）组建好学习小组，进行组内互帮互学。

（5）减少重复的笔头作业，进行讲题训练，锻炼学生的思维。

5. 六年级

存在的问题及原因分析：

（1）分数除法的算理。

（2）圆与圆内正方形的面积的关系。

（3）求百分数的对应量。

改进措施：

（1）教师要积极学习课程标准、教育教学理论知识，并联系本校、本班学生的实际情况，努力改进教学方式和学生的学习方式，让学生在课堂中有自己的时间和空间，有展示自己的机会。

（2）教师要根据学生的实际情况合理利用教材，如增加生活化习题，对封闭式的课本例题、习题进行开放式改编，布置实践性和探究性作业，做好"培优扶差"工作。

6. 总结

从以上各年级存在的问题中可以看出以下共同的问题：

（1）学生的数学口算、计算能力有待提高。

（2）学生的数学学习能力有待提升。调研测试不仅考查学生对知识的掌握情况，还考查学生的一些非智力能力，如学习习惯、审题能力、获取数学信息的能力、数学理解能力等；从卷面及一、二年级的面试情况可以看出，具有高层次思维能力的学生比较少，需要教师下功夫去培养。

（3）"培优扶差"工作有待加强。

（三）英语

本次期末测评考查学生对词汇、语法、句型、语篇等的掌握情况，题目以课标为依据，从语言能力、学习能力、思维品质等方面全面考查学生的知识掌握情况。现就学业质量、典型问题分年级进行分析。

1. 三年级

存在的问题及原因分析：

（1）听字母，补全单词所缺的字母。这类题型出现的问题较多，听力发音不够清晰是其中一个原因，尤其是开头字母"f"，很多学生听不出来。最主要是部分学生对字母的掌握还不够扎实，反应较慢。

（2）学生对同类单词的辨认能力不强，对单词掌握不牢固，听力理解不及时。

（3）词汇掌握不扎实，在听力句型、看图写单词、补充句子的测试中不能将单词拼写正确。

改进措施：

（1）针对这些问题，下学期我们将继续加强字母方面的练习，坚持听写字母，尤其是将字母放到一些新单词中让学生认读和拼写，以加强学生对字母的掌握。

（2）运用多种形式进行训练，对同类单词进行辨别、理解，在教学中多用游戏等方式帮助学生记忆。

（3）激发学生背诵单词的积极性，采用任务型教学和"一对一"帮扶的方式提高学生的学习效率；同时在平时多练习相关题型，达到反复巩固知识的目的。

2. 四年级

存在的问题及原因分析：

（1）第四大题：听小对话，根据问题选出对应的答案。第一小题，问题是How many art teachers are there？对话中共出现三个music teacher，所以学生没听完就选了答案C，选A的学生只占50%左右，正确率不高。还有第五小题："一条连衣裙是62元，两条多少钱？"同样，学生没有认真思考这道题里包含的数学算理，也就是没有认真审题，而错选了A，选B的学生只占36%左右，正确率不高。

（2）第六大题：听短文，补充所缺的单词。短文中有个别单词或短语没有学，如grandparents，football player，a lot of，together等，特别是复数单词，大部分学生都没有考虑单复数，如将farmers写成了farmer。此外，strong和cousin是三年级学过的，但是学生遗忘得相当快，导致正确率偏低。

（3）第七题：阅读信息完成任务。此题信息量较大，表格中所描述的时间和活动名称比较多，学生平时接触较少，有针对性的训练也少，增加了做题的难度。学生需要在完整的一栋建筑物里查找某个场室的具体位置，再阅读描述信息，如There are five buildings in the school. 另外，Jim and Sophie can meet their teachers and have lessons today. 此处需要学生综合理解两部分的信息，有一定的难度。第七题整体来说难度较大，学生的答题正确率偏低。

改进措施：

（1）注重学生的辅导工作，做好后进生的转化，加强优秀生的培养，提高中等学生。

（2）针对学生掌握不牢固的知识点，加强听说读写和语法知识训练。

（3）注重指导，如辨音或听音选词，帮助学生发现一些单词的规律。

（4）钻研教材，集体备课，多设计一些学生感兴趣的游戏或活动，让更多的学生参与到课堂中，进而提高教学质量。

（5）在练习课上，让学生学会自己解题、说题、分析语法等，成为课堂的主人。

（6）推荐绘本，扩大学生的阅读量，并指导学生找到更好的阅读方法。

2. 五年级

存在的问题及原因分析：

（1）根据英语释义选择单词填空。这种类型的题学生平时练习得比较少，部分学生选择正确但抄错单词，如将rainy抄成rain，将quickly抄成puickly，所以这道题的正确率只有82.45%。对于按实际情况回答问题，学生的英语语序和结构有很多习惯性错误。

（2）根据上下文补全对话。该题考查学生对篇章的理解，能反映学生的

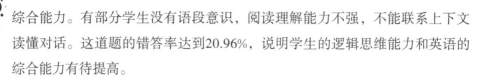

综合能力。有部分学生没有语段意识，阅读理解能力不强，不能联系上下文读懂对话。这道题的错答率达到20.96%，说明学生的逻辑思维能力和英语的综合能力有待提高。

（3）写作。该题考查学生的综合语言输出能力。部分学生审题不清，单词量太小；部分学生没有考虑到语法和英语习惯的问题。

改进措施：

（1）在平常的教学中继续注重词汇积累，加强词汇教学，包括单词拼写、词义记忆、语用功能的训练。单词教学一定要做到词不离句，这样学生才能在掌握单词的同时学会一些单词的基本用法。

（2）注重学生辅导工作，做好学困生的转化，加强优秀生的培养。

（3）注重指导，充分利用课堂教学时间和校本资源，想方设法提高课堂教学效率，让学生在课堂学会自己解题和说题、分析语法等。

（4）适当增加语言的输入量，拓宽学生的知识面。

（5）培养学生的题感，让学生学会找关键词，判断语法点，快速锁定正确答案。

（6）培养学生的短文仿写能力，讲解，鼓励学生仿写优秀范文。

4.六年级

存在的问题及原因分析：

（1）语法选择题。该题型是对动词时态、名词单复数、介词、固定短语和传统节日习俗的考查。错得最多的是第40小题，学生因为没有将everything正确判断为单数而选错。该题型教师在平时讲过，但是部分学生遗忘得太快，对相关知识掌握不牢固。

（2）补全短文和对话。该题型属于对语篇的考查，一共有两篇：第一篇考点是单词（与课文内容有关的拓展阅读），第二篇考点是句子。短文中出现陌生的单词时必须联系上下文去理解、去猜词义，部分学生没有做到，造成选词错误。

（3）阅读理解。考点是三篇阅读：生活篇（火车票）、感悟篇（对待朋友）、节日篇（年的由来）。错得最多的是生活篇的阅读，原因是部分学生的综合素养不高，不会提取英文火车票中的关键信息。

（4）在特定的情境中运用已学句型解决实际问题。该题错得最多的是第83小题，很多学生在What's Guangzhou like？中的Guangzhou前加上了"the"，而有小部分学生完全不会写问句。

（5）写作。考点是运用过去式写出过去某次经历。有的学生在写作时使用的时态有误，没有用一般过去时，而且使用了太多的"中式英语"；还有的学生句子不够完整、严谨，字数不够。

改进措施：

（1）有针对性地多做巩固练习。

（2）扩充学生的词汇量，并教会他们做题的方法。

（3）教给学生阅读技巧，教会他们要在生活中运用英语，并多方面拓宽英语的综合知识面。

（4）在课堂中多让学生提出问题并让他们在课后写下来。

（5）有针对性地加强时态训练，并在课堂上及时反馈学生的写作情况让其进行修改，最后给予修改意见；同时要强化对句子和语篇的训练与背诵，以提高学生的英语综合运用能力。

5. 总结

综上所述，我校的英语学科教学存在以下问题：

（1）学生识记单词的方法不佳，词汇记忆不牢固；学生的信息提取能力和信息转化能力等的训练不足。

（2）阅读、写作题型反映出学生的理解能力、归纳总结能力较弱。

（3）学生没有养成良好的学习习惯。

（4）教师的"培优扶差"力度不足。

二、过程性评价情况分析

（一）语文

我校以"双减双升"为指引，注重培养学生的语文综合素养。本学期以全员参与学科竞赛的方式促进学生听、说、读、写能力的提升，分别举行了以"朗读""积累""阅读"为主题的竞赛：先在班级进行初赛，然后在各班挑选选手参与级内决赛。全员参与，给学生提供展示的舞台，有效促进学生综合素养的提升。教研是教师成长的阶梯，我校仍以主题教研为主，各级注重单元整合，围绕学段目标，寻找高效突破的途径，在一节又一节的磨课中拔节成长。本学期的理论学习以"作业设计"为主题，先是四年级团队参与了区作业设计研讨，以点带面，每个年级都积极参与，结合我校之前设计的学习单，不断思考、不断改进：哪些是需要在作业单上呈现的？是否体现了分层？课时作业与单元作业的梯度有没有得到体现？作业设计提高了课堂的效率，改变了以往"以教师教为主"的课堂模式，开始向"以学生学为主"的课堂转变。教师在教研、课堂实践中转变了教学观念，提高了教学效率；学生通过完成学习单，更有效地掌握知识点。参加托管班的学生绝大部分能在校完成作业，没有参加托管班的学生也大大缩短了纸笔作业的时间，保障了阅读、锻炼的时间。

在本次测评中，三（7）、五（8）、六（6）班教学质量提升明显，这主要有三方面的原因：一是注重级内备课，明确知识点和教学策略；二是抓好课堂常规，营造良好的学习氛围；三是通过作业单，落实知识点，减负不减质，提高课堂效率，向高效课堂迈进。

（二）数学

我校定期开展学生综合素质提升活动，如每月举行数学学科竞赛以及综合素质闯关活动，真正落实"双减"政策对减负提质的要求。为加强教师队伍建设，提升教学质量，学校开展多种教师课堂教学活动，如单元教学、主题教研、单人+多人磨课等。在作业设计方面，学校坚持提倡教师精编以学生为主的校本作业，设计策略参考从正向思维到逆向思维、从封闭到开放、从单一到综合等，积极发展学生的数学思维。本学期，教师的教学方式也发生了转变，我校发挥行政教师以及年轻教师的带头作用，开展支架式教学，为学生搭建学习支架，让学生顺着学习支架主动获取知识，基本从"教师教"转化成"学生学"的模式。"双减"背景下的课堂系列研讨活动，提升了我们对"新教材""新理念"的理解，让我们重新思考如何改变我们的教学观念来适应"双减"背景下的教学要求，如何落实学科核心素养。在数学教学中，我们要：整体把握知识结构和能力要求，引导学生知其然，更知其所以然；从情境化角度考虑"新问题"，引导学生关注社会，培养责任意识以及用数学知识解决实际问题的意识和能力；从学生活动角度考虑"新形式"，引导学生参与学习的过程，体验知识的形成，培养科学的学习方法、团队意识和合作能力，让"双减"课堂真正实现"立德树人"的根本任务。

（三）英语

本学期我校以"双减"政策为指引，注重培养学生的综合素养。每月开展学科竞赛，保证全员参与，做好竞赛总结，并制作美篇发公众号，让学生在竞赛中体验到学习的快乐并获得成就感，激发他们学习的主动性。五年级组一开始设计了自主作业，后来又参与了区级作业设计研讨，学习先进经验。在五年级组的带领下，每个年级都积极参与，不断改进学生的课前、课中、课后作业。怎样体现作业的个性化？怎样根据学生的实际情况布置分层作业？怎样最大限度地体现作业的"作用"？在课堂中，教师更多的是让学生"讲课"，让他们自己去质疑、解疑，慢慢做到"以学为本"。

在本次测评中，三（5）、五（3）、五（8）、六（2）、六（3）、六（4）、六（5）班的教学质量均有所提升。我们重视集体备课，充分发挥教研作用，教师集思广益，做到资源共享，抓好课堂常规，落实每节课的教学任务，努力做到减负不减质。

三、反思及应对措施

（一）语文

在以后的教研和教学中，我们将加强以下方面的管理。

1. 加强教研管理，提高专业能力

假期熟悉新教材，熟悉学段目标和单元目标，制定学习单，少讲多练。主题教研仍是主线，各年级以教学中的重难点为主题，通过对具体课例的研讨有效、有序地进行突破；多进行理论学习，多看课例。

2. 抓基础，培养好习惯

在识字、写字能力的培养方面，对于易错拼音、笔画、字词，利用彩色粉笔标明、编儿歌、结合字义理解等方法强化第一印象，培养学生自主识字的能力；强化同音字、形近字、含前后鼻音生字的辨析；课堂上给予学生充足的朗读时间，少讲多读，多个人读，少齐读。

3. 拓展阅读，学会写作

文学类文本阅读：利用好学习单，针对单元阅读目标，以学习小组为单位，进行合作、探究学习，将思考过程显性化，做到人人都有机会表达，提高阅读能力；做到课外阅读不放松、课外阅读课内化，教师要参与其中，进行导读、课前分享，检查学生的阅读情况。实用类文本阅读：结合生活实际，创设真实任务情境，如药品说明书、车票信息、防疫通知、购买年货等，从中提取信息并判断正误。除了课内练习还要让学生进行假期实践，提升学生运用语文知识解决问题的能力。在教学中，教师将单元习作目标融入课时目标，将阅读理解与阅读表达紧密结合，以教材为范例，落实好写作提升点。先要让学生学会审题，抓关键词，明确写作要求，然后针对习作中出现的共性问题进行详细讲评，突出重点，各个击破。

4. 培优扶差

抓好作业设计，使其体现层次性；对于优秀生可以多推荐阅读书目，对于基础不牢的学生先抓基础；制订辅导计划，让学生利用碎片化时间掌握好知识点。

（二）数学

根据本次测评出现的问题，我们制定了以下教学策略：

（1）积极学习课程标准，特别是按学科核心素养的要求改进课堂教学，从知识传授向素养培养转型。

（2）进一步连接教材和学生生活，开发教学内容，让学生在各种情境中解决问题，发展思维和学习能力，满足他们的个性化学习需求。

（3）强化课前三分钟口算训练和讲题训练。

（4）进行作业的分层设计，加强变式练习，提升学生的思维能力。

（5）改变课堂教学模式和学习模式。

（三）英语

（1）在单词教学中继续分解单词音素，教会学生辨析词首、词尾，更熟练地使用合并"替换"方法。

（2）抓好"词不离句"，避免脱离语境机械识记单词，借助句子理解词义。

（3）加强阅读策略指导，培养思维能力，如抓住主旨大意、联系上下文猜测词义。其中，激发学生的阅读兴趣也是关键。

（4）在课堂上发挥小组合作的作用，让每个学生都有充足的操练时间，将学习任务真正落实到个人。

（5）多用激励的方式帮助学困生，加大"培优扶差"力度，贵在坚持。

四、家校联动落实"双减"政策

本学期是落实"双减"政策的第一学期，为了取得家长的支持，实现家校联动携手并进，我校分别在期中和期末召开了家长会。期中家长会的主题为"双减背景下，如何做好一名小学×年级家长"。家长会上，学校领导先就"双减"政策和"五项管理"汇报了学生在校学习情况，介绍了在当前背景下教师在提升教学质量上的做法，也给家长提了一些建议，纠正家长对"双减""什么都减，什么都不用管"的错误理解。（图3）

图3 家校联动落实"双减"

期末家长会的主题为"'双减'背景下学业质量分析汇报"，线上开展。家长会上，教师全面分析了学生的学业水平，家长的心理焦虑明显减

轻。家长多角度、全方位地了解了学生的学业水平和学校的教育教学理念，增强了对学校教育的肯定，形成了家校共育新模式。让家长参与到教学管理的各个环节，对学校的教学质量进行监督，可以使学校的管理更科学、更规范，同时促进了学校与家长的交流、家长与学生的沟通，更有助于家长对老师的理解和支持，从而建立起教育共同体，共同助推"双减"政策的落实，促进学生的全面发展。（图4）

图4　线上家长会

"至善之星"，促进学生全面发展

为了加强对学生的基础道德教育，促进学生良好行为习惯的养成，我校以"生活德育"为引领，以《中小学生守则》《中小学生日常行为规范》《圆玄小学在校一日常规》为主要内容，以"习惯养成"为主线，广泛开展"至善之星"德育实践活动。在至善班级生命共同体理念的引领下，活动评价具有全纳性、多元性、多维度的特点，除了传统的终结性评价，还有过程性评价、形成性评价和表现性评价。评价的目的不是对学生进行分级，而是及时地给予学生反馈，促进学生全面成长。每天，班级学生根据课堂表现进行积分竞赛，班会时评选出一周最佳小组；每周评选"阅读之星""进步之星""课堂之星"等，以评价促进学生各方面的发展。在评价的引领下，学生更认真自信了，各方面的表现也更出色了。

"至善之星"旨在实现学生自行管理，教师协助，其章程、工作细则等相关规章制度都需要学生自觉遵守，"至善星"的获得主要是通过"基础星"来换取，主要包括纪律、卫生、学习、礼仪、安全等几方面。"基础星"记录着学生在学校的每一点进步，可以兑换相应的"至善星"。当学生违反校纪校规时，则要扣除相应的"基础星""至善星"。"至善星"的管理做到每周汇总，每月评比，每学期表彰。

"至善评价"是学生行为习惯训练的一种活动形式，它是学校"知其所止，止于至善"办学理念实施的具体化，目的是培养学生良好的道德行为习惯，提高学生的道德认识水平，为课堂教学改革服务。它以积攒表扬的形式，把学生的各种表现记入学生"至善评价册"，是学生的成长经历记录，以"至善星"的多少作为学生评优表彰的依据。

"至善之师"，拓宽教师成长空间

　　我校深化教育体制改革，健全立德树人根本任务的落实机制，扭转不科学的教育评价导向，坚决克服"唯分数"的顽疾，通过评价来激发教师的学习热情和工作积极性。示范引领，榜样感召，促进教师专业成长；锤炼队伍，改革创新，提高教育教学质量。根据《圆玄小学"至善之师"评选方案》的要求，学校每年评选备课之师、授课之师、协作之师、创新之师、评价之师、质量之师、关爱之师、引领之师、进取之师、科研之师、服务之师，大力弘扬教师团队爱岗敬业、乐于奉献、爱生如子、为人师表的崇高师德风尚，引导师生发现美、赞扬美，用身边的榜样打动自我、打动他人；通过发现感动、传递感动、共享感动来发挥榜样作用，凝聚教师力量，营造求真、崇善、爱美的校园文化氛围，构建和谐校园。

"至善家长"，促进亲子共同成长

家庭教育对孩子健康成长有重要作用。家长是孩子的第一任老师，是孩子最直接的榜样。家长素质的高低、关心教育的程度、教育子女的方法等直接关系到孩子的成长，影响着孩子的一生。为了及时总结交流家庭教育的经验，更加有效地开展家庭教育活动，提高各位家长的家庭教育能力，同时树立良好的家教典范，促进家校共育，每学年学校和家长委员会都会联合举办"四会"家长评选表彰活动，"四会"家长包括"会关心""会沟通""会表率""会共建"四个方面，通过具体的条件进行评选。

（1）家长参与制订各年级的复习计划，根据各年级各班的具体情况分板块设计复习内容，低年级夯实基础，中高年级要体现综合性、生活化，建立解题模型，发展学生的思维能力。

（2）学生、教师、家长共同商讨，通过生生、师生合作等方式制订学习辅导计划，营造良好学风，尤其要关注学困生，以达到"抓两头并进，促中间层发展"的效果。

（3）家长也要参与到孩子的复习阶段，监督孩子在复习时讲究学习方法和策略，提升学生解决问题的能力，优化其思想。例如，多请学生讲解或四人小组讨论，明确学生的思路盲区，对他们进行针对性引导。

参考文献

［1］伊曼努尔·康德.论教育学［M］.赵鹏，何兆武，译.上海：上海人民出版社，2005.

［2］康德.实践理性批判（注释本）［M］.李秋零，译.北京：中国人民大学出版社，2011.

［3］Kant. The Metaphysics of Moral［M］. Translated and edited by Mary Gregor. New York: Cambridge: 1996.

［4］伊曼努尔·康德.康德论上帝与宗教［M］.李秋零，译.北京：中国人民大学出版社，2004.

［5］弗里德里希·包尔生.伦理学体系［M］.何怀宏，廖申白，译.北京：中国社会科学出版社，1985.

［6］叔本华.叔本华论道德与自由［M］.韦启昌，译.上海：上海人民出版社，2006.

［7］罗国杰，宋希仁.西方伦理思想史（下卷）［M］.北京：中国人民大学出版社，1988.

［8］彼得斯.道德发展与道德教育［M］.邬东星，译.杭州：浙江教育出版社，2000.

［9］柴楠，刘要悟.情感，抑或义务?——"师爱"的道德基础辨析［J］.大学教育科学，2013（1）：64-68.

［10］杜时忠.教师道德从何而来［J］.高等教育研究，2002（5）：79-87.

［11］吴灿华.论教师道德的本质［J］.华中师范大学学报：人文社会科学版，1986（6）：114-117.

［12］王逢贤.爱的教育、陶冶教育新探［J］.东北师大学报：哲学社会科学

版，1980（2）：79-82.

[13] 杨春.课外补习教育中师生关系的伦理型与契约性博弈［J］.教育理论与实践，2011（1）：11-12.

[14] 宋晔.教育惩罚的伦理审视［J］.中国教育学刊，2009（7）：45-47，54.

[15] 宋晔.教育关怀：现代教育的道德向度［J］.教育理论与实践，2007（10）：39-42.

[16] 王澍，柳海民.论尊重与"尊重的教育"［J］.东北师大学报：哲学社会科学版，2009（3）：1-7.

[17] 魏兴玲.同情伦理谱系影响下的道德教育［J］.现代教育丛论，2009（3）：47-51.

[18] 金生鈜.教育如何促进人的幸福［J］.教育研究与评论：中学教育教学，2010（5）：92.

[19] 王洪才.教育是何种善——对教育善的本质的思考［J］.搜索与争鸣，2011（5）：69-73.

[20] 贾春娟.教育善的追求与和谐社会［J］.辽宁行政学院学报，2006（12）：158-159.

[21] 张万香，周春宝.论教学过程中教育善的缺失与实现［J］.教育与管理小学版，2012（3）：3-5.

[22] 糜海波.教育善与教育伦理建设的两个向度［J］.教育伦理研究，2014（8）：61-69.

[23] 王晓朝.从至善走向共善［J］.江苏行政学院学报，2013（1）：13-18.

[24] 王占魁."公平"或"美善"道德教育哲学基础的再思考［J］.教育研究，2011（3）：56-60.

[25] 刘云林.教育善的维度与实现路径［J］.教育理论与实践，2004（8）：5-8.

[26] 刘云林.教育善的实现：基于教育道德向度和层次的视角［J］.教育研究与实验，2007（4）：13-16.

[27] 刘云林.教育善的求索：实然与应然［J］.教育理论与实践，2003（5）：15-17.

[28] 巩建闽，萧蓓蕾.台湾高校课程地图对大陆课程地图发展的启示［J］.

中国高教研究，2014（5）：105-110.

［29］Hausman.J.J. Mapping as an approach to curriculum planning［J］. Curriculum Theory Network，1974（2-3）：192-198.

［30］刘媛．"立德树人"背景下的小学体育课堂教学改革初探［J］.当代体育科技，2020，10（11）：8-9.

［31］杨小微，李家成.中国班主任研究［M］.北京：北京大学出版社，2017.

［32］李家成.教育班：继续探索以班级为基础的德育之路［J］.人民教育，2017（20）：28-31.

［33］谢维和.班级：社会组织还是初级群体［J］.教育研究，1998（11）：19-24.

［34］熊华生，孙利.中国班级特性［J］.教育研究与实验，2017（5）：67-72.

［35］靳晓燕.北京十一学校改革记［J］.师资建设，2014（5）：85-57.

［36］李家成.莫以丢弃中国教育特色为"教育改革"［J］.中国德育，2014（19）：58-59.

［37］刘强，王连龙，陈晓晨.中小学班级环境的现状及改善策略——基于北京市海淀区中小学的调查［J］.教育研究，2016，37（7）：66-73.

［38］斐迪南滕尼斯.共同体与社会［M］.林荣远，译.上海：商务印书馆，1999.

［39］李爱敏．"人类命运共同体"：理论本质、基本内涵与中国特色［J］.中共福建省委党校学报，2016（2）：96-102.

［40］甘剑梅.班级：一个可能的生命世界——论班级形态的发生与现代转换［J］.现代教育论丛，2001（1）：21-25，51.

［41］胡铁生，詹春青.中小学优质"微课"资源开发的区域实践与启示［J］.中国教育信息化，2012（11）：65-69.

［42］黎加厚.微课的含义与发展［J］.中小学信息技术教育，2013（4）：9-12.

［43］陈智敏，吕巾娇，刘美凤.我国高校教师微课教学设计现状研究——对2013年"第三十届全国多媒体课件大赛"295个微课作品的分析［J］.现代教育技术，2014，24（8）：20-27.

［44］胡满金.基于问题驱动的小学数学概念教学策略研究［D］.上海：上海师范大学，2018.

［45］谢乙秋，高雅.问题驱动下的小学数学概念教学探索［C］.//教师教育能力建设研究科研成果汇编（第九卷）.北京：中国管理科学研究院教育科学研究所，2018：943-946.

［46］胡军.基于问题导向　促进概念理解　涵育数学素养——以北师大版"5.1认识二元一次方程组"概念教学为例［J］.数学教学通讯，2017（32）：3-5，12.

［47］王书影.浅谈小学数学概念有效教学［J］.读与写（教育教学刊），2020，17（2）：169.

［48］姜启源.数学模型［M］.北京：高等教育出版社，2007.

［49］陈志超，教育管理探索与实践［M］.长沙：中南大学出版社，2004.

［50］任其宏.初中班级管理中的"价值领导"［J］.思想政治课教学，2011（2）：86-87.

［51］傅双同.生态学视角下的中学班级管理初探［J］.新课程研究：下旬刊，2011（1）：83-85.

［52］李卫文.浅谈中学班级管理工作的开展［J］.当代教育论坛（管理版），2010（3）：57-58.

［53］张孝顺.初中班级管理探索［J］.文学教育（中），2018（2）：65.

［54］计裕昆."以生为本"的中学班级管理模式探讨［J］.安庆师范学院学报（社会科学版），2010（3）：118-119，123.

［55］景凤莲.中学班主任如何做好班级管理工作的几点体会［J］.西北成人教育学报，2010（4）：75-76.

［56］汪永东.中学班级管理的问题及对策［J］.新作文：教育教学研究，2010（14）：56-57.

［57］胡社功.唤醒教育［M］.北京：新华出版社，2011.

［58］王北生.生命的畅想生命教育视域拓展［M］.北京：中国社会科学出版社，2004.

［59］王杰.论小学道德与法治生活化教学的策略［J］.西部素质教育，2020，6（1）：48-49.

［60］章福成. 小学《道德与法治》课程生活化教学路径探索［J］. 创新创业理论研究与实践，2019，2（17）：45-46.

［61］吴锦红. 道德与法治教学中生活化教学模式的应用［J］. 名师在线，2019（16）：52-53.

［62］艾晓娜. 小学道德与法治课程生活化教学探讨［J］. 中国校外教育，2019（5）：93.

［63］饶吉江. 浅谈小学道德与法治课堂教学生活化教学［J］. 魅力中国，2018（30）：71.